Jean-Marie Schio

ESSAI SUR LE PATRIMOINE
DE BEAUFORT-EN-VALLÉE

L'église Notre-Dame

L'ÉGLISE NOTRE-DAME

© Jean-Marie Schio 2015
Éditeur : BoD-Books on Demand, 12/14 rond point des Champs Élysées, 75008 Paris, France
Impression : BoD-Books on Demand, Norderstedt, Allemagne
ISBN : 978-2-322-01269-5
Dépôt légal: janvier 2015

Le Code de la propriété intellectuelle interdit les copies ou reproductions destinées à une utilisation collective. Toute représentation ou reproduction intégrale ou partielle faite par quelque procédé que ce soit, sans le consentement de l'auteur ou de ses ayant droit ou ayant cause, est illicite et constitue une contrefaçon, aux termes des articles L.335-2 et suivants du Code de la propriété intellectuelle.

INTRODUCTION

D'une ancienne chapelle de bois présente dès le début du deuxième millénaire, l'église Notre-Dame a évolué, au fil des siècles, vers la "petite cathédrale" néogothique de l'architecte Auguste Beignet, un enfant du pays, chargé de l'agrandissement-reconstruction en 1869.

Depuis 1542, la tour du clocher terminée par Jean de l'Espine, un architecte angevin, invite de très loin les voyageurs à rejoindre le centre de la ville.

La grande verrière du Sacré-Cœur, dans le bras de transept sud, due au maître verrier parisien Edouard Didron, témoigne d'un vœu fait par le curé Le Boucher, le 9 octobre 1870, alors que l'armée prussienne était au nord du département.

Une quarantaine de vitraux du même artiste, réalisés de 1872 à 1889, racontent la vie de la Sainte Vierge.

L'orgue du facteur Louis Bonn, restauré en 1994, devenu un des plus appréciés du département, accompagne les messes dominicales. Il permet aussi aux jeunes artistes de s'entraîner et concourir chaque printemps.

La chaire, le banc d'œuvre, le buffet d'orgue ont été sculptés par Moisseron et André successeurs de l'abbé Choyer, sculpteur de la chaire de la cathédrale d'Angers.

C'est l'église Notre-Dame que nous voulons vous faire mieux connaître.

L'EGLISE NOTRE-DAME

Les premières églises

La première église en pierre

A l'emplacement d'une ancienne chapelle en bois desservant le château-fort, Godefroy évêque de Chartres et légat du Saint-Siège, autorise les moines de l'abbaye de Marmoutiers[1], en 1122, à construire un monument de pierre, d'y suspendre de petites cloches et d'accorder aux vassaux la faculté d'assister à l'office divin dans ce sanctuaire [DEN].
Dédiée à Notre-Dame, la nouvelle église est attribuée définitivement, en 1152, à l'abbaye de Toussaint d'Angers, construite par les chanoines de Saint-Augustin.
Saint Hugues, évêque de Lincoln, officie à Notre-Dame, le jour de Pâques 1199, en présence de Jean-Sans-Terre, roi d'Angleterre et de sa belle-sœur, la reine Bérangère, veuve de Richard Coeur-de-Lion que Saint Hugues vient d'ensevelir à Fontevrault.
Bérangère, comtesse d'Anjou et du Maine par son mariage avec Richard, était dédaignée par celui-ci. Depuis quelques temps, elle vivait retirée, dit-on, au château de Beaufort.
A la messe solennelle célébrée par Saint Hugues, le roi s'avança pour offrir selon l'usage, quelques pièces d'or. Il le fit si ostensiblement avec regret que l'évêque lui dit de jeter, s'il le voulait, cet argent dans la poussière. L'évêque se mit alors à prêcher sur les devoirs respectifs des rois et de leurs sujets. Jean-Sans-Terre lui envoya dire trois fois de finir son discours et d'achever la messe, prétextant qu'il avait faim. Saint-Hugues continua néanmoins son discours avec dignité, jusqu'à la communion pascale[2].

Les premières églises

De Jeanne de Laval aux ducs de Savoie

Nous savons très peu de choses de l'église Notre-Dame jusqu'à la fin du XV⁰ siècle. Jeanne de Laval, femme de René d'Anjou est usufruitière du comté et château de Beaufort en 1474. Après la mort de René en 1480, elle en conserve le douaire, jusqu'à son décès en 1498.

Des auteurs sérieux lui attribuent la reconstruction de l'église. Pour le moins, nous lui reconnaissons la construction du chœur et l'ajout en 1485, au sud-est du chevet, d'une chapelle, appelée depuis « la chapelle de la Reine ».

Jeanne de Laval remet une charte aux habitants de la Vallée – Partie de vitrail d'une des chapelles -

De cette époque, nous ne voyons guère plus aujourd'hui que la base du clocher, dans le transept nord.

Rapidement, cette église se révèle trop petite pour accueillir les fidèles, toujours plus nombreux.

Pour agrandir l'église, les habitants obtiennent, en 1499, du Roi Louis XII, seigneur de Beaufort, la cession d'un jardin

L'EGLISE NOTRE-DAME

dépendant du château et situé à l'extrémité du cimetière.
Les habitants se lancent immédiatement dans la construction. Une nouvelle nef, commencée en 1527, est terminée en 1536, avec l'appui des ducs de Savoie[3], comtes de Beaufort. Un nouveau clocher, élevé sur le bras nord du transept et attribué à l'architecte Jean de l'Espine[4], est terminé en 1542.

Le temps des réformes et guerres civiles

Puis vient la période mouvementée de la Réforme et de la Contre Réforme.
Depuis le début du XVIe siècle, avec la Renaissance, une partie des fidèles conteste la puissance quasi monarchique de la papauté et s'insurge, en particulier, contre la pratique de l'achat des « indulgences[5] ».
Derrière Martin Luther et Jean Calvin, le protestantisme se répand dans les pays de l'ancien empire de Charlemagne. En France, le culte de la religion réformée tente d'exister face au culte catholique, religion d'état.
A Beaufort, les huguenots[6] se réunissent d'abord clandestinement dans la cave d'une maison de la rue de la Maladrerie, avant d'être autorisés, après l'édit de Nantes[7], à établir leur temple dans une maison du canton de la Rabaterie, à la Coulonnière.
L'Église catholique, pour contrecarrer l'expansion du protestantisme, lance une grande réflexion en 1545, sur ses outils spirituels et matériels. C'est le concile œcuménique de Trente qui se conclura en 1563.
L'architecture intérieure des églises doit s'adapter à la nouvelle liturgie. La prédication est mise en valeur, en adoptant un plan allongé. La suppression des jubés et clôtures permet aux fidèles

Les premières églises

de bien voir la messe, à défaut d'y participer.

Mais, en 1562, le conflit religieux devenu politique tourne en guerre civile entretenue par les puissances étrangères, en particulier l'Espagne.

Après le massacre de Wassy[8], les protestants décident de s'emparer des villes. C'est le cas pour Angers, le 4 avril 1562. Des pillages et actes d'iconoclasme[9] se multiplient dans les églises et maisons du clergé. Des opérations similaires ont lieu dans quelques petites villes.

A Beaufort, comme ailleurs, les troubles les plus importants ont lieu en 1568. François d'Andelot[10] et ses huguenots essaient de traverser la Loire, en septembre.

Leur passage à Beaufort est accompagné du saccage de l'église Notre-Dame. Vitres, images, autels sont dévastés. Les titres et le mobilier de l'église sont brûlés ou dispersés.

Le calme revenu, les agrandissements de l'église interrompus n'ont point repris. Il faut dire que les prieurs de cette époque se préoccupaient plus de leurs bénéfices ecclésiastiques que de la magnificence du culte dans leur paroisse. Certains n'observaient même pas la résidence obligatoire.

Il a bien été question, en 1635, d'agrandir l'église, en bâtissant, à côté, une chapelle dédiée à Louis XIII. Celui-ci a attribué, pour cela, une partie des démolitions du vieux château. Les habitants ne donnèrent pas suite.

Quelques années plus tard, le pays se retrouve en guerre civile avec la Fronde des Grands[11]. Le 21 avril 1649, quinze cents cavaliers royaux de Benjamin Le Valois[12] mettent la ville à sac, entrent dans l'église et brûlent les chaises et les bancs. Le service à Notre-Dame est alors interdit jusqu'à la réconciliation rendue par l'évêque, le 3 mars 1666.

L'EGLISE NOTRE-DAME

Claude de Caignou restaure l'église

Plaque scellée sur un pilier de la nef

Avec l'arrivée à la cure de Claude de Caignou, en 1680, les restaurations les plus essentielles de l'église sont réalisées. Il fait réparer le prieuré pour y résider.

Docteur en théologie, il s'attache à rédiger des statuts pour tout son clergé. En 1685, il est accompagné de onze vicaires et douze prêtres habitués. Il faut dire qu'il y avait en 1682 trois à quatre mille communiants à Notre-Dame.

La religion est néanmoins pratiquée sans trop de rigueur. Les vicaires usurpent parfois leur titre. Ils administrent les sacrements, sans en être capables ou affichent de mauvaises mœurs. Quant aux paroissiens, l'évêque d'Angers doit envoyer l'ordre au prieur de refuser les Pâques à « beaucoup de personnes qui mènent une vie scandaleuse ».

Claude de Caignou ne s'est pas contenté de réglementer et restaurer l'église. Il fut le créateur de l'hospice des Incurables et de l'institution de la Providence, école gratuite pour les enfants pauvres. Son successeur a fait graver son épitaphe sur une plaque de marbre noire, aujourd'hui scellée dans le mur du premier pilier droit de la nef de l'église.

Les premières églises

La période révolutionnaire

Le début de la période révolutionnaire est plutôt calme du côté de Notre-Dame. Une seule échauffourée notable a lieu le 15 août 1790, à l'occasion de la procession du vœu de Lois XIII[13]. Sous le prétexte de faire supprimer les concessions des bancs réservés aux seigneurs et notables de la ville, les émeutiers, armés de fusils, s'en prenant aux bourgeois, crient : « Il faut les tuer, les conduire à la lanterne[14] ». Heureusement, on en reste aux intimidations.
Après la mise en exécution de la Constitution civile du clergé, le 27 novembre 1790, Hugues Pelletier, curé de Beaufort est élu évêque constitutionnel de Maine-et-Loire. Son ancien vicaire Dominique-Marie Vergne, prêtant lui aussi le serment civique, prend sa suite à la cure.
Les offices servis alors par les prêtres constitutionnels sont suivis par un nombre de plus en plus restreint de fidèles. De toutes façons, l'église va progressivement être adaptée aux nouvelles institutions.
A l'heure du culte de la Raison, puis de l'Être suprême, l'église devient temple. La municipalité se fait remettre les clés, le 17 mars 1793. L'application de la loi décrétant la disparition aux yeux du public « de tous les attributs de la royauté et de la féodalité » conduit à la suppression de certaines sculptures, en particulier des armoiries.
La dernière cérémonie religieuse, un baptême, a lieu dans l'église le 23 juillet 1793. Les cérémonies ne pourront reprendre que le 6 novembre 1795.
Le bâtiment accolé à l'église et servant de sacristie est démoli par le salpêtrier[15] Pananceau.
Le 9 juin 1794, une bande pénètre dans le temple. Excités par

L'EGLISE NOTRE-DAME

un paysan monté dans la chaire, les émeutiers renversent les autels, s'emparent des hosties, décrochent le grand christ suspendu au dessus de l'autel et vont le brûler dans un hôtel voisin. Un jeune étudiant tente même de faire franchir à son cheval les marches de l'autel.

Au mois d'août, la municipalité décide de tenir le marché aux grains dans le temple. On vend les bancs, au profit de la nation. Le trafic des charrettes a bientôt raison du très beau carrelage.

Le marché aux grains ne reste pas longtemps dans ce lieu où il est difficile de contrôler la pratique tant redoutée de l'agiotage[16].

Dans les mêmes temps, la suppression de la croix du clocher est décidée. Elle est remplacée, le 1er septembre 1794, par un bonnet phrygien, hissé au sommet du clocher, à l'issue d'une grande cérémonie et au cri de « Vive la République ».

On a aussi descendu les cloches. Une seule est restée quelques temps, mais la faire sonner n'est sans doute pas bien perçu. Elles sont déposées à l'administration municipale, le 9 novembre 1794, ainsi qu'une grande quantité d'ornements d'églises.

Par contre, l'orgue reste en place. En d'autres lieux, les tuyaux ont pu être fondu pour fabriquer des balles.

Certains organistes ont su préserver leur instrument en le faisant servir pour les fêtes décadaires, le culte de la Raison, puis celui de l'Être suprême. Sous les voûtes des églises, des airs profanes ou révolutionnaires retentissaient parfois pour des concerts improvisés. Le dénommé Hiard, organiste à Notre-Dame, au début de la Révolution, a-t-il pratiqué ainsi ?

Les premières églises

Concordat et projet de restauration de l'église

Avec le Concordat signé entre la République française et le Saint-Siège et publié en 1802, les passions se calment. Depuis juillet 1800, les offices religieux sont assurés par des prêtres réguliers, avant la nomination, d'ailleurs contestée, du curé Peffault de la Tour. Il est remplacé le 22 décembre 1802. Le conseil municipal prend l'initiative de la restauration de l'église. Il faut réparer les couvertures, les carrelages, les planchers du clocher, rétablir des autels, modifier les accès, reconstruire une sacristie.
Le volume des travaux de restauration à exécuter est malheureusement augmenté, suite à deux terribles ouragans, lesquels ont, en fin d'année 1803 et janvier 1804, enlevé presque toute la toiture. Le clocher de l'église primitive, celui que l'on voit sur le tableau de François Roberdeau[17], exposé au musée Joseph Denais, est abattu en 1807.
Le financement des programmes de travaux pose problème. Le conseil municipal a du mal à suivre. Alors, le conseil de fabrique[18] réclame des secours, ne pouvant subvenir à tous les frais.
En 1819, le nouveau curé propose au conseil de fabrique de concéder moyennant redevance, les vingt stalles du chœur, puis d'installer quarante-six bancs et un banc d'œuvre, également concédés.
Pour donner une idée des recettes créées par ces concessions, nous donnons à titre d'exemple, le budget de la fabrique pour 1823.
D'un montant total de 2982,72 francs, il se détaille comme suit, en recettes :
- biens et rentes.. 53,72 f

L'EGLISE NOTRE-DAME

- produit des chaises en régie ……………………… 1200,00 f
- concession des bancs affermés ………………………1543,00 f
- divers, vente d'herbe du cimetière,
  quêtes et droits des services religieux ……………… 132,00 f

La fabrique considère que les dépenses qu'il faudrait pouvoir engager cette année là, sont de 4500 francs, comprenant les frais de célébrations, l'entretien des ornements, les dépenses fixes pour rémunérer l'organiste, le sacristain, les bedeaux, chantres, sonneurs de cloches, auxquelles s'ajoutent les dépenses pour réparations locatives .

De plus, le conseil de fabrique demande des secours extraordinaires pour reconstruire une sacristie. Il faudrait pour cela réunir une somme d'au moins 6000 francs. Une sacristie provisoire a été aménagée, après la destruction de 1793, dans un petit espace soustrait dans une église devenue déjà beaucoup trop petite, en particulier depuis la réunion, à la paroisse Notre-Dame, de la paroisse de Saint-Pierre du Lac.

Le curé de la paroisse est alors Augustin Joubert. Il est accompagné au conseil de fabrique par : François-Marie Danquetil, maire de la commune ; Danquetil l'aîné ; Claude Duvau de Chavaignes ; François-Régis Béritault-Sablonnière ; Bazile Augustin Desmarquais-Hautreux ; Dagnet l'aîné ; J. Marquet et B ?

Le curé Joubert obtient finalement de la fabrique l'autorisation d'emprunter une somme de 1772 francs, pour commencer les travaux. Une bonne partie de la somme est réunie spontanément auprès de membres du conseil.

Le curé Joubert, pendant les vingt ans de son ministère à Beaufort, avance jusqu'à 12 000 francs, pour réaliser des travaux. Il abandonne cette somme à la fabrique, à son départ, quant il est appelé, en 1842, par l'évêque à la charge de vicaire

Les premières églises

général du diocèse, au grand regret de la population beaufortaise.

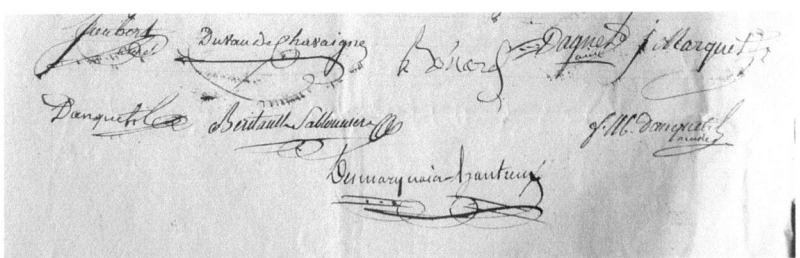

Les signatures du conseil de fabrique le 21 juin 1822

ooooo

L'EGLISE NOTRE-DAME

Le chevet de l'église Notre-Dame au début du XIXe siècle

Les projets d'agrandissement

Un premier projet de l'architecte Duvêtre

Louis Ferrand arrive au presbytère le 6 novembre 1842. Curé entreprenant, nous le voyons en particulier s'intéresser à l'achat d'installations de l'ancienne manufacture de toiles à voile pour créer une école libre de garçons et une société de jeunes gens.
Il fait aussi construire une grande chapelle, pour les sœurs de Saint-Gildas-des-bois qui instruisent dans les écoles de filles.
Il est donc à l'initiative, en 1853, d'un projet présenté, par l'architecte Duvêtre d'Angers, pour allonger la nef et reconstruire le chœur et le transept sud, dans l'église Notre-Dame.
Après deux modifications pour, en dernier lieu, inverser l'orientation et disposer le grand portail d'entrée du côté de la place Jeanne de Laval, le conseil municipal statue, le 18 janvier 1858, sur un projet dont l'estimation de dépenses est arrondie à 180 000 francs.
Le conseil municipal adopte le projet dans son ensemble.
Six jours plus tard le conseil de fabrique approuve le projet et offre de participer à hauteur de 20 000 francs, payable en dix ans, si la municipalité se charge de l'exécution.
Le préfet ne l'entend pas ainsi. L'église, qu'il a vue de ses yeux, lui parait en très bon état et d'une grandeur presque suffisante pour la population. Il ne donne pas son approbation. Il conseille de s'en tenir à des travaux plus modestes.
Louis Ferrand ne poursuivra pas. Il est d'ailleurs nommé titulaire du chapitre d'Angers le 7 décembre 1862.

L'ÉGLISE NOTRE-DAME

Le nouveau projet du curé Le Boucher

Les habitants désespèrent, mais le 6 octobre 1867, Augustin Le Boucher, nouveau curé, vient annoncer au conseil de fabrique que grâce à la munificence de la famille Jousbert du Landreau[19], il pouvait verser une somme de 30 000 francs pour l'agrandissement de Notre-Dame. Augustin Le Boucher, à son arrivée à Beaufort, le 18 mars 1863, est très connu à Angers, où il s'est beaucoup préoccupé d'œuvres populaires.

Sa nomination à Beaufort a soulevé quelques réticences. Elle a d'abord été refusée par le ministre de l'Instruction publique et des Cultes, en raison des sentiments politiques affichés par l'intéressé, qui de ce fait ne réunit pas toutes les sympathies.

> *Augustin Le Boucher est né à Angers le 27 mars 1826. Il est formé par l'abbé Dupanloup au petit séminaire de St Nicolas du Chardonnet. Vicaire à St-Laud d'Angers, il fonde le patronage de Notre-Dame des Champs, en 1850. Il est nommé chanoine honoraire de la cathédrale d'Angers et supérieur général du Bon Pasteur, en 1858. Il crée la revue « Le jeune ouvrier » puis le journal « L'ouvrier », en 1860. Il est nommé à la cure de Beaufort le 10 mars 1863.*

L'évêque se tourne alors vers le maire de Beaufort, pour se faire préciser le sentiment de la population.

Finalement, la nomination de l'abbé Le Boucher est agréée par décret du 25 février 1863.

La famille Jousbert du Landreau

Faisons maintenant connaissance avec la famille Jousbert du Landreau. Une généalogie succincte est consultable, e*n annexe 1*.

Les projets d'agrandissement

Cette famille est apparentée aux Duvau de Chavaigne, propriétaires à Beaufort, rue du Bourguillaume et à René Chevaye, maire de la ville, entre 1790 et 1792.

Le mariage en 1813 de Clémence Duvau de Chavaignes et de Casimir du Jousbert du Landreau, donne quatre enfants : Casimir, Gaston, Clémence et Aimée. La participation financière de ces derniers, dans les travaux d'agrandissement, va être primordiale, avec une mention spéciale pour Aimée de Jousbert.

Après le décès, à Beaufort, en 1904, de Aimée de Jousbert du Landreau, les bontés de cette famille, envers l'église, se prolongent jusqu'en 1928.

Aimée de Jousbert a reçu en partage, entre autres, la propriété de l'hôtel dit « du Landreau » qu'elle occupait et que sa famille avait reçu par succession des Duvau de Chavaignes. En 1895, elle désigna par testament, comme légataire universel de ses biens, l'abbé Léon Thibault, secrétaire général de l'évêché d'Angers.

Dans son testament, Aimée déshérite complètement son neveu René et distribue le reste de ses biens entre sa nièce Antoinette et ses domestiques. René puis Antoinette demandent l'annulation du legs.

A la suite d'une longue procédure judiciaire qui se poursuit jusqu'en cassation, l'annulation du legs est prononcée, en raison de « libéralité déguisée par interposition de personne » et Antoinette de Jousbert du Landreau, mariée à Jean Bermond d'Auriac se retrouve, le 18 mai 1907, seule héritière de sa tante Aimée.

L'ÉGLISE NOTRE-DAME

L'hôtel du Landreau devient presbytère

Vingt ans plus tard, le 19 mars 1927, les époux Bermond d'Auriac conviennent devant notaire de faire attribution, à l'association diocésaine d'Angers[20], de l'hôtel « du Landreau » et de ses dépendances, pour être affecté à l'exercice du culte, en l'espèce à usage de presbytère.

La convention est assortie de conditions particulières. En particulier, le corps de logis d'habitation ne pourra être en rien modifié comme disposition, de façon que l'hôtel conserve toujours son cachet d'ancienneté.

De plus, les tombes de la famille du Landreau, se trouvant dans le cimetière de Beaufort-en-Vallée, seront entretenues en état convenable par l'association diocésaine.

Cette dernière disposition a été oubliée depuis, sans doute par méconnaissance. Il n'existe plus aujourd'hui de tombes de cette famille à Beaufort-en-Vallée. Certains le regrettent, eu égard à la grande générosité de cette famille pour la réalisation des grands projets religieux de cette ville.

Antoinette de Jousbert, est la dernière représentante de la famille du Landreau. Elle a été distinguée pour son grand dévouement pendant la guerre 1914-1918, alors qu'elle était infirmière major de la société de secours aux blessés militaires. Une blessure reçue en service lui a causé la perte d'un œil.

Elle a été nommée chevalier de la légion d'honneur, par décret du 4 février 1921.

ooooo

L'agrandissement-rénovation de 1870

Le choix d'un architecte et d'un style

Revenons au projet d'agrandissement de l'église Notre-Dame. Rapidement, le 16 mars 1868, un architecte est choisi. Le choix se porte sur Auguste Beignet, un enfant du pays.
Il a des références sérieuses aux yeux du conseil de fabrique. Il a effectué les relevés archéologiques du vieil Hôtel-Dieu de Paris. Il a travaillé en Italie, puis en Espagne où il a dirigé des travaux sur le Prado de Madrid. Il travaille maintenant à Beaufort pour la construction d'un abattoir, d'un lavoir et d'un pont sur le Couasnon.
L'architecte remet son dossier à la fabrique, le 15 septembre 1868. Ce projet s'inscrit, au niveau du diocèse d'Angers, dans la suite d'un programme de reconstruction d'églises très important, soutenu par Mgr Angebault[21] et sacrifiant au style néo-gothique très à la mode depuis 1840 [FOY].

> *Né à Beaufort-en-Vallée, le 13 août 1837, Auguste Beignet est lauréat de l'école des beaux-arts d'Angers, puis élève de Constant Dufeux à l'école des beaux-arts de Paris, promotion 1863.*
> *Il devient inspecteur des monuments historiques, inspecteur de l'école des arts et métiers et inspecteur des édifices diocésains, 1887-1888. Il est membre du comité des bâtiments civils de Maine-et-Loire et vice-président de la Société centrale des architectes français. En 1902, il obtient la grande médaille de cette société, pour l'architecture privée.*

L'époque est à la redécouverte du Moyen-Age, avec Châteaubriand et Viollet-le-Duc.
L'architecture et la décoration gothique formant le style chrétien par excellence, celui-ci est vraiment adapté aux besoins de l'église. Le style gothique permet d'exprimer par sa verticalité, un élan vers Dieu, grâce au système ogival.

L'ÉGLISE NOTRE-DAME

Le projet pour la nef et la façade ouest

Façade ouest, avec la galerie au premier plan, avant l'agrandissement de 1870.

Pour le prolongement de la nef et la reconstruction de la façade ouest, l'architecte présente au conseil de fabrique un premier devis, le 16 mars 1868, pour une dépense estimée à 38 516,92 francs.

La nef est augmentée sur l'espace à rendre libre par la démolition de la galerie existante particulièrement inesthétique.

Le conseil municipal, tout en déclarant ne pas pouvoir participer financièrement à l'opération, rappelle qu'il s'agit d'un bâtiment communal. Il ne peut autoriser l'exécution des travaux si des garanties financières suffisantes ne sont pas apportées par le conseil de fabrique, y compris pour l'avenir. Hors le budget de la dite fabrique ne le permet pas.

Un projet plus étudié est déposé par l'architecte, le 15 septembre 1868. Le montant de la dépense est portée à 42 630 francs, honoraires compris. Un péristyle de trois mètres de profondeur s'intercale entre la nouvelle nef et la façade reconstruite, avec les matériaux et dans le modèle de l'ancienne.

L'agrandissement de 1870

Le conseil de fabrique accepte ce projet, le 27 novembre 1868, et présente au conseil municipal une garantie solidaire de ses membres à hauteur de 50 000 francs.

Le conseil municipal fait un nouveau rejet le 14 décembre. Le dossier s'enlise et l'évêque réagit vivement le 23 mars 1869, estimant la garantie apportée suffisante. La commission des bâtiments civils est saisie. Elle donne un avis favorable le 21 avril et le préfet autorise la mise en adjudication le 5 mai, sur l'avis favorable de son sous-préfet.

Mais le maire ne transmet pas le dossier au conseil de fabrique. Il n'a pas été autorisé par son conseil qui réclame un complément de garantie financière pour atteindre 80 000 francs, soit le double du montant des travaux à adjuger.

Par ailleurs, l'architecte du département est chargé de vérifier la sincérité du projet de Auguste Beignet.

L'évêque autorise alors le conseil de fabrique à contracter un emprunt de 30 000 francs. L'adjudication peut enfin être lancée et Jacques Hamelin, d'Allonnes, est déclaré adjudicataire, le 21 novembre 1869, avec sa soumission de 35 421,64 francs.

Les travaux peuvent commencer et le projet évoluera au fur et à mesure de nouveaux besoins exprimés et de l'arrivée de contributions financières diverses correspondantes.

Cette gestion à vue ne manque pas d'amener rapidement des difficultés.

Dès le 12 mai 1872, le conseil municipal est saisi d'un différend entre l'architecte et l'entrepreneur qui se plaint de nombreux changements et additions de travaux. Le maire qui trouve que la fabrique a entrepris des travaux considérables, en informe le préfet qui saisi le ministre de l'Intérieur. Ce dernier demande un rapport le 16 août.

Les travaux supplémentaires font alors l'objet d'un devis pour

L'ÉGLISE NOTRE-DAME

un montant de 26 959,56 francs, y compris honoraires.

Le conseil de fabrique, qui possède de nouvelles ressources, accepte le devis le 1er décembre 1872. Le préfet approuve le 4 juin 1873. Ces suppléments tiennent compte notamment du remplacement du tuf des socles par de la pierre de Montreuil et de Champigny; sur les saillies exposées, par de la pierre de Noyant ou de Sainte-Maure; sur la balustrade au-dessus de l'arcade, par de la pierre de Chauvigny.

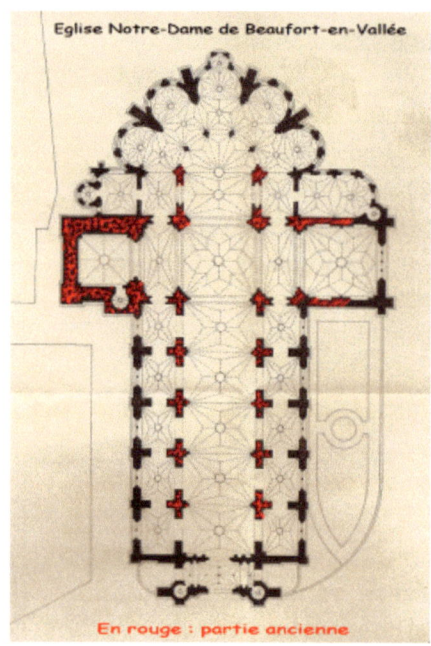

Dans le même temps, se pose la question de l'établissement des chapelles dans un bas-côté de nef à construire au nord. Il faut pour cela, au préalable, acquérir des immeubles. Le conseil municipal propose, le 15 janvier 1873, de prendre en charge les deux-cinquièmes des indemnités à allouer aux propriétaires. Le conseil de fabrique accepte, mais pour des raisons diverses aucune suite n'est alors donnée. Le projet n'en continue pas moins d'évoluer.

L'agrandissement de 1870

L'agrandissement du bras du transept sud

L'architecte Beignet dresse, le 2 novembre 1874, les plans de l'agrandissement du bras du transept sud, pour y accueillir une chapelle dédiée au Sacré-Cœur. Ce projet fait suite à une promesse.

Le 9 octobre 1870, lors de l'invasion des armées prussiennes, le curé Le Boucher a fait le vœu solennel de consacrer sa paroisse au Sacré-cœur et d'en conserver le souvenir dans un des vitraux de l'église, si l'Anjou est épargné. L'ennemi s'arrêta à Clefs, au nord du département.

Le cahier des charges d'adjudication est approuvé par le préfet le 26 février 1875. La dépense de construction, estimée à la somme de 45 612,99 francs, y compris honoraires, est laissée à la charge de la fabrique. L'adjudication des travaux a lieu le 18 avril 1875. C'est la soumission de Jean-Baptiste Rabjeau de Montrelais qui est retenue, pour un montant de 36 417,77 francs.

Parallèlement aux travaux de construction, la fabrique a dû prendre en charge l'acquisition et la démolition d'un bâtiment existant à l'emplacement de l'extension. Il s'agit de l'immeuble Giroust. Pour couvrir la dépense correspondante, la fabrique doit emprunter 12 000 francs auprès du notaire Rogeron.

Les accès libérés côté sud, il semble que le curé Le Boucher a fait construire les chapelles du bas-côté sud par l'entreprise Rabjeau, dès juin 1875.

Les travaux de construction engagés se terminent en fin d'année 1876.

L'ÉGLISE NOTRE-DAME

La construction du bas-côté nord

Pendant plus de dix ans, la fabrique réalise alors des travaux d'aménagement intérieurs. Il reste néanmoins à construire les chapelles du bas-côté nord, opération laissée en instance depuis 1873.

Après le décès du curé Le Boucher, le 7 septembre 1886, son remplaçant Mathurin Guittet exprime le désir de réaliser l'achèvement de l'église Notre-Dame. Il trouve un écho très favorable du côté du nouveau maire, René Geslin.

Il faut donc dans un premier temps acquérir les immeubles. Le conseil municipal, dans sa séance du 29 mai 1887, décide de participer financièrement à hauteur de 6000 francs, compris 1500 francs consacrés à l'acquisition des sols.

L'architecte Beignet remet ensuite, le 1er octobre 1887, son devis pour les travaux. L'estimation est de 34 655,56 francs. Après accord de la mairie, le 27 octobre, le préfet approuve le 19 mars 1888.

Nous voyons bien que les opérations ont été menées en tranches successives, en raison de l'arrivée des recettes encaissées, apparaissant ou non dans les comptes de la fabrique.

En l'état de nos recherches, nous n'avons pas trouvé de dossier descriptif technique dressé par l'architecte, à l'origine, pour un projet global.

Nous avons un plan et des dessins d'élévation des façades de l'église, datés de février et avril 1875.

Faits en cours d'exécution, ils ont été suivis pour la suite.

Pour le détail des travaux, nous avons surtout le devis dressé le 2 novembre 1874, pour la construction du transept sud évoquée ci-dessus.

L'agrandissement de 1870

Ce devis nous renseigne sur les dispositions constructives principales, retenues très probablement pour l'ensemble de l'édifice. Nous en donnons ici les traits les plus utiles.
Tous les murs de fondation et d'élévation sur la hauteur du socle sont exécutés en mortier de chaux hydraulique d'Echemiré et moellon dur de Fontaine-Guérin.
Dans le reste de la construction, la chaux ordinaire ou grasse est employée avec le moellon ordinaire de Brion.
La pierre de taille dure vient de Montreuil ou Champigny.
La pierre de taille ordinaire pour les sculptures vient de la carrière de Chauvigny, en Poitou.
La pierre de taille tendre, le tuffeau pour les parements, vient de la carrière de Saumoussay à Saint-Cyr-en-bourg. Cette même carrière a fourni les tuffeaux pour la construction du théâtre de Saumur, dix ans plus tôt.
La couverture est en ardoises d'Angers-Trélazé, sur lattis en bois de peuplier. Les ardoises sont de la qualité dite « à poil-taché », provenant de la superficie des blocs d'extraction. Moins belle que l'ardoise fine, elle se vend à meilleur compte.
Briques et carreaux viennent des fours de Durtal.
Les autres matériaux sont achetés localement.
Pour la mise en adjudication, l'architecte remet un bordereau des prix unitaires et un quantitatif estimatif.
Notons que le taux des honoraires demandé par l'architecte est de cinq pour cent. Cette rémunération paraît aujourd'hui modeste, comparé aux prestations offertes.

L'ÉGLISE NOTRE-DAME

Le cahier du curé Le Boucher

Pour aborder en même temps les travaux d'aménagement et de décoration, ainsi que l'achat de mobilier, nous disposons d'un registre, tenu par le curé Le Boucher, relevant jour par jour, les recettes et dépenses prises en compte, entre le 1er janvier 1870 et le 30 juin 1886.

Ce journal s'arrête malheureusement là, au décès du curé, le 7 septembre 1886, alors que les travaux sont bien avancés.

Mais nous l'avons vu, il reste au moins à faire le bas-côté nord et des travaux d'équipements et de décoration. Pendant la période citée ci-dessus, les comptes s'équilibrent en recettes et dépenses à 300 000 francs, en arrondissant, compris les travaux de construction et de la majeure partie des vitraux, mobiliers et autres décors.

Analysons en grandes lignes ces comptes, sur la période considérée. Qui a financé ?

Les recettes viennent quasi entièrement de dons et souscriptions. Elles arrivent au fur et à mesure de l'avancement des travaux. Les donateurs répondent souvent à un besoin défini, en terme de travaux.

Si bien que certains se sont sentis propriétaires de tel ou tel ouvrage. Nous y reviendrons quand nous évoquerons la loi de séparation de 1905.

En plusieurs versements étalés, la famille de Jousbert du Landreau a donné 135 650 francs, la plus grosse partie offerte par Aimée Jousbert.

Les différentes souscriptions ont rapporté, par ailleurs, un peu plus de 157 000 francs. Nous y ajoutons 7300 francs de recettes provenant du fonctionnement du culte.

Grâce à ces recettes, un grand nombre d'entreprises ou

L'agrandissement de 1870

d'artistes, payés directement, ont participé aux travaux d'agrandissement et rénovation de l'église Notre-Dame. Nous en avons repéré plus de soixante.

Nous l'avons vu, c'est l'entreprise Jacques Hamelin qui réalise les premiers travaux de construction. A partir de 1875, Jean-Baptiste Rabjeau prend la suite pour le transept et les chapelles latérales sud. La dépense cumulée sur ce poste est de 104 000 francs, entre 1870 et 1876.

Par ailleurs, les entrepreneurs suivants sont intervenus, parmi d'autres, sur la construction de l'édifice :
- Fléchet et Coutard, pour le ravalement des tuffeaux ;
- Moncourt, Vigneau, Poilasne, pour la menuiserie ;
- Emile Hardouin, Moutardeau, pour la charpente ;
- Sérieux, Montrieul, Farion, pour la serrurerie ;
- Bonvoux, Tessier, pour la couverture ;
- Lahoussaye, pour la plâtrerie ;
- Bouvier, pour la plomberie gaz ;
- Chéneau et Pinault, pour le carrelage ;
- Trouillard, pour la peinture ;
- Palausi, pour le carrelage mosaïque.

Les prestations artistiques ont été réalisées par :
- Edouard Didron, pour les vitraux payés 68 234 francs, pour ceux réalisés jusqu'en 1886 ;
- Moisseron et André, rémunéré 5460 francs, pour les ouvrages en bois sculpté ;
- Charon, Bouriché, Chapeau, Barillet, les statuaires rémunérés au total 11 185 francs ;
- Chartier, orfèvre, qui a touché 1155 francs.

Ajoutons, les dépenses pour la rénovation de l'orgue, confiée successivement à MM. Bonn et Debierre qui ont reçu ensemble 7400 francs.

L'ÉGLISE NOTRE-DAME

Pour construire un nouveau beffroi, remonter les trois vieilles cloches, en fondre et installer deux nouvelles, le fondeur Guillaume et les entrepreneurs Hardouin, Farion, Trouillard, Moncourt et Lahoussaye ont touché à peu près 14 000 francs.

Enfin, pour le projet et la direction des travaux, Auguste Beignet a perçu 14 532 francs, ce qui est en accord, au taux de 5 %, avec le montant des dépenses de travaux de 300 000 francs.

A fin 1886, il reste en particulier à construire les chapelles latérales nord, élever le nouveau maître-autel dessiné par Auguste Beignet et payé, paraît-il, près de 50 000 francs.

Quelques éléments de mobiliers ont été ajoutés, notamment une nouvelle chaire, un banc d'œuvre, un nouveau chemin de croix et la Pietà installée au fond de la nef.

L'agrandissement de l'église est terminé, quand intervient la loi de 1905 de séparation des Églises et de l'État.

Nous renvoyons à un chapitre suivant, l'application de cette loi à Beaufort-en-Vallée, avec ses conséquences en matière de gestion.

Nous passons, pour le moment, à la description de l'édifice tel que nous le voyons aujourd'hui, n'ayant pas été sensiblement modifié depuis 1905.

L'agrandissement de 1870

La nef vue de l'inter-transept

L'ÉGLISE NOTRE-DAME

L'architecture gothico-renaissance

Chimère sculptée s'échappant du toit d'une chapelle

L'église Notre-Dame est construite sur un plan de croix latine orientée[22]. L'église mesure 72 mètres dans sa plus grande longueur et 41 mètres de large, murs compris.

Du côté de la place Jeanne de Laval, à l'est, cinq absidioles jointives et rayonnantes sont couronnées d'une balustrade sculptée. Elles se déroulent sur un plan semi-circulaire, pour soutenir en hauteur l'abside par autant de contreforts volants, d'arcs-boutants et une forêt de pinacles à crochets.

Une lanterne particulièrement décorée s'avance devant la chapelle centrale. Il s'en échappe une nuée de chimères[23].

Aux extrémités, les fausses chapelles sont occupées par les tambours des portes d'entrées secondaires.

La tour-clocher s'appuie fermement sur le transept nord. Elle s'élève sur environ 47 mètres de hauteur. Son décor présente deux parties superposées distinctes. De la base à l'encorbellement qui marque le plancher du beffroi au-dessus de l'horloge, le style gothique est marqué par une belle fenêtre ogivale et par les contreforts angulaires, terminés par des pinacles enchevêtrés.

L'agrandissement de 1870

La partie supérieure du clocher, terminée par Jean de l'Espine, est de style Renaissance, caractérisée par une série de colonnes corinthiennes et une frise décorée de masques ou médaillons. Le clocher est coiffé d'un lanternon couvert d'ardoise et entouré de quatre clochetons surmontés chacun d'un croissant en mémoire, dit-on, de l'ordre du Croissant institué par le roi René [DEN1].

L'horloge, dont un cadran s'ouvre à l'est et l'autre à l'ouest, en s'incrustant dans le décor de colonnettes de la partie médiane de la tour, est une fabrication de l'horloger Gourdin de Mayet, dans la Sarthe.

Le transept sud est clos sur trois faces de murs pignons, aux angles renforcés de contreforts plats.

La face sud reçoit la plus grande verrière de l'église.

Les contreforts plats des façades latérales de la nef délimitent cinq travées. Sur chacune d'elles, une fenêtre vitrée à trois lancettes[24] éclaire généreusement la nef.

Pointe de clocheton en forme de croissant

En avancée, intégrant les contreforts, un bas-côté, de hauteur limitée par les dites fenêtres, aligne cinq baies cintrées à deux lancettes. Sur chaque baie le tympan décoré est surmonté d'un gâble[25] et encadré par deux pinacles à crochets reposant sur des culots sculptés.

La porte principale, sur la façade ouest, est flanquée de deux contreforts plats terminés au sommet par des pinacles percés chacun d'une niche abritant une statue : à gauche, Saint-Pierre,

L'ÉGLISE NOTRE-DAME

second patron de l'église et, à droite, Saint-Paul. Ces sculptures sont l'œuvre de Victor Bariller. Elles ont coûté 800 francs.

L'entrée est inscrite dans un arc brisé. Sur le tympan, une niche en encorbellement abrite une Vierge en majesté, Notre-Dame de Grâce, attribuée par Joseph Denais [DEN1] au même Victor Bariller.

Pourtant, il reste un doute. Ne doit-on pas plutôt attribuer à ce dernier la statue de la Vierge placée tout en haut, sur un acrotère en pointe du pignon ?

Dans son registre des dépenses, le curé Le Boucher écrit à la date du 16 novembre 1871 : « payé à M. Chapeau, sculpteur, statue de la sainte Vierge, placée sur le frontispice de la grande porte ... 700 francs ».

Ce portail s'inscrit lui-même dans une arcade à triple voussure comportant une fenêtre vitrée à quatre lancettes. A la clé de chaque voussure, un personnage de la Trinité est représenté : de haut en bas, le Père, le Fils et le Saint-Esprit.

Au-dessus, une croix, autour de laquelle montent une vigne et des épis de blé symboles de l'eucharistie, s'appuie sur le blason de l'église FORTIS et DECORA, supporté par deux lions.

De part et d'autre de l'entrée, au dessus d'un faisceau de colonnes, des niches superposées attendent, peut-être, que l'on veuille bien y installer quelques statues, grandes ou petites.

> **Victor Bariller**, sculpteur à Angers, se dit entrepreneur de « statues, autels, confessionnaux, calvaires, chaires à prêcher, fonts baptismaux ... ». Il a réalisé notamment les bas-reliefs de la façade de la basilique d'Avesnière à Laval, en Mayenne.

> **Henri Chapeau**, né en Vendée en 1822. Il a son atelier de sculpture à Angers

L'agrandissement de 1870

En s'approchant un peu, nous pouvons découvrir, de chaque coté, un petit personnage assis. Est-ce un moine, un chanoine ?

ooooo

L'ÉGLISE NOTRE-DAME

En parcourant l'intérieur

Passant le porche d'entrée

... et la porte en bois à compartiments divisés, imitant les feuilles de parchemin plissé, nous descendons dans la nef. Composée de cinq travées, elle est élevée sur deux niveaux, sous voûtes d'ogives, à liernes et tiercerons, à 16 mètres du sol. Les ogives se rassemblent en palmier, en tête des colonnes engagées dans les piliers massifs de maçonneries de tuffeaux, pour descendre vers le sol.

Au premier niveau, la nef communique, par de larges arcades en anse de panier, avec des chapelles latérales en bas-côté.

Musicien sculpté sous la tribune de l'orgue

Au deuxième niveau, les dix grandes fenêtres flamboyantes racontent, avec les vitraux de Edouard Didron, les épisodes principaux de l'histoire du culte de la Vierge, *voir ci-dessous*.

En nous retournant vers la porte d'entrée, sous la tribune de l'orgue, une frise sculptée par Victor Bariller présente vingt-cinq personnages, encadrés par quatre anges et jouant des instruments de musique les plus variés : tambour, violon, harpe, viole, accordéon, biniou, trompe, épinette, contrebasse, flûte, lyre, tambour de basque, cloches, flûte de pan, violon, cymbales, grosse caisse, cors, ophycléïde[26], bonnet chinois, timbales, clochettes, violoncelle, fifre et basse. Victor Bariller a été payé 7300 francs, entre le 29 novembre 1871 et le 22 octobre 1873, pour les sculptures de l'orgue.

En parcourant l'intérieur

A gauche et à droite de la porte, une niche est occupée par une statue posée sur un fût de colonne : à gauche, Saint Grégoire le Grand, le patron des chantres, et à droite Sainte Cécile de Rome, patronne des musiciens.
Ces sculptures sont l'œuvre de Henri Bourriché. Elles ont coûté 800 francs.
Dans le bas-côté, à gauche, une « pietà », groupe sculpté en

> Henri BOURRICHE est un sculpteur angevin, né le 26 août 1826 au Petit Sigogne, Chemellier (49).
> Vers l'âge de 11 ans, il est placé comme petit domestique chez l'abbé Ferrand, curé de Beaufort. En 1843, il part en apprentissage chez un charron. Avant de partir, il offre à l'abbé un dessin représentant la cure de Beaufort (conservé à la cure encore en 1983).
> En 1848, il entre au service du sculpteur BARREME à Angers. Il monte à Paris en 1850 pour entrer comme élève dans l'atelier du sculpteur DEBAY et l'année suivante, il entre à l'école impériale des Beaux-Arts.
> A la sortie de l'école, il est engagé comme praticien par le sculpteur BONNASSIEUX, auteur de la statue de Notre-Dame de France qui domine la ville de Puy-en-Velay.
> En 1860, il revient à Angers où il installe son propre atelier, en dernier lieu rue de Bel-Air. Il forma des élèves : ROUILLARD qui lui succédera, mais surtout Jules DESBOIS qui devint l'ami de CARPEAUX et le compagnon de RODIN.
> Il perd la vue en 1884, ce qui le contraint à abandonner son art. Il se retire dans la maison qu'il a fait construire, près de son atelier. Il meurt en décembre 1906, à l'âge de 81 ans.
> Son chef-d'œuvre aura été le « Génie des Arts », sculpture de marbre blanc datée de 1857 réalisée à Paris et exposée au salon de la même année où il obtint une médaille.

pierre, occupe une première chapelle. Elle est réalisée, en toute fin du XIXe siècle par Hubert Louis Noël.

L'ÉGLISE NOTRE-DAME

> **Hubert Louis-Noël** (1839-1925) est un sculpteur parisien ; il a réalisé six œuvres pour la basilique du Sacré-Coeur de Montmartre. A Angers, le musée des Beaux-Arts expose plusieurs œuvres, dont une statue de David-d'Angers.

Les anciens fonts baptismaux, réalisés en pierre par le sculpteur Henri Chapeau, sont comme il se doit, près de la porte, dans la première chapelle du bas-côté nord, fermée par une grille en fer forgée par le serrurier Farion.

Un tableau est appendu au mur. Dénommé « La Vierge aux donateurs » il a été réalisé, en 1889, par une dame Guillaume (?), d'après une toile de Antoine Van Dyck, propriété du musée du Louvre.

> Moisseron et André ont pris la succession de l'Abbé Choyer, sculpteur de la chaire de la cathédrale d'Angers ce qui lui demanda trois ans de travail. Cet ecclésiastique qui avait voulu fonder une congrégation de moines artistes, créa les ateliers de sculpture Saint-Joseph à Angers, 12 quai des Carmes. Cet atelier prospéra ensuite avec Moisseron, André et Ruault.

En remontant la nef

Approchant de la croisée de transept, nous avons à gauche la chaire dessinée par Auguste Beignet et sculptée sur bois dans l'atelier Moisseron et André.

Exposée à l'exposition universelle de 1878, elle présente à la tribune les médaillons de Jésus et des quatre évangélistes. Au sommet de l'abat-voix, un ange sonne de la trompette.

En face, se trouve le banc d'œuvre, sculpté sur bois par le même atelier. Sur ce banc, les marguilliers[27] avaient leur place réservée pour les offices.

A l'arrière, un calvaire symbolise le Christ protecteur.

En parcourant l'intérieur

La chaire sculptée par Moisseron et André

Les bancs de la nef ont été sculptés par Foucault de Longué et Alexandre d'Angers. Au temps où il convenait de payer une location, le premier rang, à gauche, était réservé à « M. le comte d'Andigné Pair de France ». Une inscription de 1815 en garde le souvenir. De même, le premier rang de droite était réservé par la famille du Landreau. Leurs armoiries, d'azur à trois molettes d'éperon d'or posées deux et une, avec la devise

L'ÉGLISE NOTRE-DAME

« Je maintiendrai » y sont gravées.
Nous avançons dans l'inter-transept, face au maître-autel. Au premier plan, la table de communion, en pierre de Lavoux et de Saint-Savin est attribuée à un sculpteur nommé Alexandre. Poteaux de portillon et panneau de côté sont ornés de rinceaux Renaissance.
Dans le sanctuaire, au sol pavé en mosaïque italienne comme l'allée centrale de la nef, l'autel monumental a été élevé en 1896. Il a été dessiné par Auguste Beignet. Le tabernacle et le thabor sont en marbre de Carrare.
L'autel est encadré par un arc de triomphe supporté par six grandes colonnes en pierre polie rose de Léchaillon. Au sommet de l'arc, une niche abrite une statue en pierre peinte, représentant Notre-Dame de l'Assomption, patronne de l'église.

Le transept nord

A gauche, dans le transept nord, sous le clocher, la chapelle a été dédiée à Saint Augustin.
En 1837, l'abbé Joubert, curé de Beaufort, y place un autel et un retable en bois sculpté réalisés en 1617 par un moine Récollet, pour la chapelle du couvent de cette congrégation, installée à Beaufort depuis le début du XVIIe siècle et dispersée à la Révolution.
Le retable, en partie doré, a été restauré lors de sa mise en place, en 1837, comme l'indique une inscription visible au-dessus du panneau central.

En parcourant l'intérieur

Depuis 1869, la chapelle est dédiée à saint Joseph. Une statue en plâtre de ce saint, réalisée par Henri Bourriché, surmonte l'autel. Ce dernier et le tabernacle sont du XIXe siècle. Au-dessus de la statue, il ne faut pas manquer de s'arrêter sur un tableau. Réalisée en 1636 par Nicolas Lagouz, la toile peinte à l'huile de 2,50 mètres de haut et 1,60 mètre de large, intitulée « L'adoration des mages », est une œuvre remarquable.

L'adoration des mages de Nicolas Lagouz

Ce tableau a été classé au titre des monuments historiques en 1906.

Cette « Adoration des mages » peut être rapprochée d'une réalisation sur le même thème, en 1625, de Claude Vignon, un peintre tourangeau. La mise en scène est comparable. Marie

L'ÉGLISE NOTRE-DAME

présente le nouveau-né aux mages venus l'adorer. Melchior, le plus âgé est agenouillé. Les deux autres sont à l'arrière et l'un d'eux, à contre-jour, nous regarde. Joseph est debout, derrière Marie.

Les mages sont accompagnés de leurs pages. Dans le tableau de Lagouz, deux autres personnages assistent à la scène.

Notons que Rubens a peint une scène très proche, en 1629, avec un traitement différent.

Sur le mur de gauche, une toile de 3 mètres de haut par 2 mètres de large, peinte à l'huile, représente Saint Augustin, évêque et penseur. Elle est l'œuvre de JM. Mercier et datée de 1838.

A côté, une petite porte donne accès à l'escalier qui permet de monter dans le clocher.

Revenons vers le chœur et prenons le déambulatoire.

Une porte sur la gauche ouvre sur l'ancien cabinet de M. le curé de la paroisse. Cette pièce servait jadis, plus couramment, de vestiaire pour les enfants de chœur.

Les chapelles du chevet

Poursuivant dans le déambulatoire, passant devant une première chapelle utilisée par la petite porte d'entrée nord, nous avons trois chapelles successives.

Celle du centre est dédiée, comme il est de tradition, à la Vierge. Le tabernacle qui surmonte l'autel en marbre de Carrare

---

Nicolas Lagous est né à Angers le 2 décembre 1597. Il est décédé en 1663 et inhumé dans l'église Saint-Maurille à Angers. Ses contemporains le qualifiaient de « peintre grandement fameux ». La dite toile est la seule aujourd'hui connue de cet artiste.

Jean-Michel Mercier, né en 1786 à Versailles, mort à Paris en 1878, était peintre d'histoire. Il fut conservateur du musée d'Angers et directeur de l'école des Beaux-Arts de cette ville. Il eut Lenepveu comme élève.

En parcourant l'intérieur

conservait, dans un reliquaire, deux morceaux de soie écrue provenant de la cathédrale de Chartres et remis en 1878 au curé Le Boucher.

Dans le lanternon, derrière l'autel, une statue en plâtre représente la Vierge Mère Notre-Dame de Beaufort, récupérée de l'ancienne chapelle avant la reconstruction.

La chapelle de gauche est dédiée à Saint Augustin, en mémoire d'Augustin Le Boucher, maître d'ouvrage délégué de l'agrandissement de l'église.

Une inscription sur le mur, en latin, dans un cartouche commandé par son successeur Mathurin Guittet et réalisé par le sculpteur Hubert Louis-Noël, rappelle ses mérites.

Le portrait du chanoine fait l'objet d'un médaillon en fonte de fer, placé en haut du cartouche et réalisé, peut-être, par le sculpteur Bourgeois, ami de Hubert Louis-Noël.

Maximilien Bourgeois est un sculpteur, graveur, médailleur parisien. Il a fait de Louis-Noël un portrait en médaillon de bronze, exposé au musée des Beaux-Arts d'Angers. Il a réalisé la statue de Nicolas Joseph Beaurepaire, du pont de Verdun, à Angers.

La chapelle de droite est dédiée à Saint Clément, en mémoire de mademoiselle Clémence du Landreau et de sa famille.

A cet emplacement, avant la reconstruction, était la chapelle de la Reine, oratoire construit pour Jeanne de Laval en 1484.

Passant devant la chapelle utilisée par la petite porte d'entrée sud, nous arrivons à la sacristie. Celle-ci communique avec l'ancien cabinet de M. le Curé, en passant par une galerie en sous-sol. Dans celle-ci, nous pouvons encore voir aujourd'hui, l'ancien calorifère destiné au chauffage de l'église.

Avant de descendre dans le bras sud du transept, nous nous tournons vers le chœur entouré par une grille en fer forgé peint, réalisée par le serrurier Farion.

Tout autour du chœur, entre les fenêtres et sur les deux

L'ÉGLISE NOTRE-DAME

colonnes supportant l'arc doubleau séparant le chœur de la croisée du transept, les statues des douze apôtres ont été réalisées en pierre par le statuaire Henri Charon d'Angers.

Le transept sud et retour sur la nef

La chapelle du transept sud est consacrée au Sacré-Cœur. Sous la grande verrière que nous détaillerons plus loin, l'autel en marbre de style Louis XIII est l'ancien maître-autel de l'église, déplacé là en 1896, lors de l'édification du nouveau.

Il nous reste ici à évoquer le chemin de croix dont les quatorze tableaux, accrochés de part et d'autres de la nef, représentent les stations de Jésus après sa condamnation, la montée au Golgotha portant la croix, la crucifixion, la mort et la mise au tombeau.

Les tableaux ont été réalisés en 1897, sur plaques de cuivre émaillées par l'atelier d'orfèvrerie d'Armand-Calliat et Fils de Lyon, d'après un dessin préparatoire d'Antoine Sublet, peintre lyonnais.

ooooo

La collection de vitraux
Une collection remarquable

Les vitraux de Notre-Dame de Beaufort-en-Vallée constituent une collection remarquable, des points de vue artistique, historique et religieux.

Ils ont été réalisés entre 1872 et 1889. Hormis la grande verrière du Sacré-Cœur et les deux vitraux représentant Jeanne d'Arc et Jeanne de Laval, qui symbolisent la patrie, la collection rappelle les principales scènes de la vie de la Sainte Vierge et du culte de Notre-Dame, grâce à un travail documentaire considérable du curé Le Boucher.

On ne s'étonnera pas de voir que tous les personnages sont vêtus à la manière des XVe et XVIe siècle. Cet anachronisme a été voulu pour s'accorder au style du monument.

Nous nous limiterons ici à présenter globalement l'œuvre du maître verrier Edouard Didron et le contexte de la réalisation de la grande verrière du Sacré-cœur.

Nous renvoyons notre lecteur à une fiche descriptive en *annexe 2*, pour tous les vitraux de l'église. Les verrières de la nef, les plus hautes, comportent souvent deux scènes différentes superposées. Des armoiries de différents personnages s'insèrent dans le remplage supérieur de chaque fenêtre.

Edouard Didron a été choisi pour réaliser les verrières dans son atelier parisien. La mise en place sur site a été assurée par les entrepreneurs locaux.

L'ÉGLISE NOTRE-DAME

Le vœu du curé de Notre-Dame

La grande verrière du Sacré-Cœur est l'œuvre la plus importante le l'église. Elle occupe la façade sud du transept.
Elle a été réalisée pour accomplir solennellement un vœu fait à Beaufort. Le 9 octobre 1870, au milieu des angoisses de la patrie, alors que l'ennemi menaçait déjà nos provinces de l'invasion, M. le curé de Beaufort consacra sa province au Sacré-Cœur et fit vœu d'en conserver le souvenir dans un des vitraux de l'église, si l'Anjou est épargné. A la même époque, la basilique de Montmartre, à Paris, est construite suite à un vœu national.
La verrière de Notre-Dame a été exposée en bonne place, par Didron, à l'exposition universelle de 1878, à Paris. Elle a été payée, au maître verrier, en novembre 1878, 10 500 francs.
Dans cette verrière, le maître n'utilise pas l'imagerie populaire du moment, en exposant un cœur matériel extrait du corps. Il s'en était antérieurement expliqué dans un écrit de 1874 : *la dévotion au Sacré-Cœur doit son développement considérable et sa popularité toujours croissante, aux apparitions de Jésus-Christ à la bienheureuse Marguerite-Marie Alacoque, religieuse visitandine du monastère de Paray-le-Monial : « voici le cœur qui a tant aimé les hommes ... ».* Notre-Seigneur *a-t-il montré matériellement son cœur à la sainte religieuse ? A quoi bon faire sortir, par un procédé essentiellement illogique, le viscère de la cavité thoracique qui le contient, pour l'exposer aux regards, si cela n'ajoute rien à l'intelligence du sujet ?*
Il fustige d'ailleurs aussi *les petites médailles qui guérissent de la rage, les petits Jésus en cire et les mille petits bibelots dignes tout au plus de faire la joie des enfants et la tranquillité*

La collection de vitraux

des parents mais, qui ont remplacé la foi simple et robuste, les chants magnifiques, le grand art, les poèmes admirables peints, sculptés, ciselés, lissés par des moines et des laïques privilégiés, par ces hommes qui se considéraient comme de simples ouvriers ayant un mandat spécial à remplir et qui, cependant, produisaient habituellement des chefs-d'œuvre que l'on s'évertue aujourd'hui, le plus souvent sans succès à imiter […] Faut-il donc que, pour nourrir la piété des peuples, on en soit réduit de nos jours à encourager la vente et à distribuer par millions d'exemplaires des images dont le moindre défaut est la banalité, le plus grand crime la laideur de l'exécution jointe à la folle sottise de conceptions qui s'éloignent, autant que faire se peut, des règles élémentaires du goût, de la pudeur, du bon sens et de la raison.

C'est ce Didron là qui a réalisé, sur une période de près de vingt ans, les quarante vitraux de l'église Notre-Dame.

Dans sa verrière du Sacré-Cœur, Didron représente la crucifixion, avec le côté droit de la poitrine du Christ percé par la lance du soldat et qui laisse échapper le sang et l'eau.

Au pied de la croix, le pélican donne sa chair à manger à ses petits. Le sacrifice du pélican pour sa progéniture symbolise le sacrifice du Christ pour son peuple. L'amour divin rappelé par l'évangéliste saint Jean se concrétise sur la croix : « il n'y a pas de plus grand amour que donner sa vie pour ceux que l'on aime ».

Tout en bas à droite, un personnage regarde le spectateur. Assez souvent, le maître verrier signale ainsi un mécène ou une personnalité engagée localement.

L'ÉGLISE NOTRE-DAME

Sensé avoir représenté le pape Pie IX, le verrier n'aurait-il pas utilisé ici les traits du curé Le Boucher ?

Edouard Didron (1836-1902) est peintre-verrier et restaurateur de vitraux installé à Paris. Il est le neveu et fils adoptif de Adolphe Didron dont il reprend en 1867 l'atelier de fabrication de vitraux et la publication des Annales archéologiques. Il a été membre du jury et rapporteur, pour la classe des cristaux, verreries et vitraux, aux expositions universelles de Paris en 1868, 1878 et 1889.

La collection de vitraux

La grande verrière de Edouard Didron

L'ÉGLISE NOTRE-DAME

Le coût des vitraux

Le coût de l'ensemble des vitraux pose question. Le montant de 300 000 francs a été avancé [DEN3]. Ce chiffre nous paraît contestable. En effet, le montant payé à Edouard Didron, de octobre 1871 à juillet 1884, a été de 68 234 francs. Une majorité des vitraux était alors réalisée. Pour se donner une idée plus précise, la grande verrière a été payée 10 500 francs.

En moyenne, les grands vitraux de la nef, ont été payés 3900 francs. Il y en a dix, soit 39 000 francs. Les fenêtres du chœur, ont coûté 2700 francs. Il y en a 7, avec les deux du sanctuaire, soit 18 900 francs.

Les quatre vitraux des saints personnages, dans le transept sud, ont été payés ensemble 2700 francs. Sur la base du prix des deux vitraux des deux Jeanne, payés ensemble 4215 francs, les neuf vitraux du transept sont estimés globalement à 19 000 francs.

Pour les huit fenêtres des chapelles rayonnantes, en grisaille camaïeux, nous estimons globalement à 7500 francs.

La décoration de la lanterne de la chapelle de la Vierge a été payée 1200 francs.

Nous obtenons le total de 98 800, soit 100 000 francs.

Il faut ajouter une grisaille dans les fonts baptismaux, un décor de chaque côté de la tribune d'orgue, payé les deux 782 francs et la verrière non vue de la façade ouest.

Avec les frais de transport et de pose, par les artisans locaux, la dépense n'a pas dépassé 120 000 francs, ce qui reste une somme très importante rapportée au coût total des travaux d'agrandissement.

La collection de vitraux

La technique du vitrail

Si des verres à vitre de couleur ont été mis à jour sur le site d'une villa romaine, en Angleterre, il ne reste que quelques reliques de vitraux utilisés en fenestrage avant le XIIe siècle.

En France, les premiers ateliers s'installent à Chartres. L'abbé Suger (1081-1151) qui dote la basilique Saint-Denis de vitraux les destine « à montrer les Écritures saintes ; ce que les gens qui ne savent pas lire, doivent croire ».

Les articles publiés par Edouard Didron [DID] à l'occasion des expositions universelles de 1867, 1878, 1889 nous éclairent sur l'art du vitrail. En les complétant par d'autres sources, en particulier [MAR] et [TOS], nous pouvons en dresser les principales caractéristiques.

Historiquement, le système appliqué en vitrail est toujours celui d'une sorte de mosaïque transparente ou d'émail cloisonné formé par la réunion de petites pièces de verre aux couleurs variées, serties de plomb.

Jusqu'au XVe siècle, le vitrail a présenté des sujets de très petites dimensions divisant la verrière en une série de médaillons légendaires accolés ou superposés.

Physiquement, nous avons une sorte de kaléidoscope qui laisse pénétrer une lumière blanche, mais adoucie.

Sur les verres aux tons variés, le peintre appliquait un trait noir, pour indiquer les détails d'une tête, d'une draperie, d'un ornement, complétant son travail au moyen d'une demi-teinte plate et légère formant un modelé rudimentaire. Le tout était ensuite vitrifié.

Le traitement du sujet se faisait comme sur nos bandes dessinées, en parcourant la verrière, dans un ordre convenu.

A la Renaissance, le vitrail se décolore, les demi-teintes

L'ÉGLISE NOTRE-DAME

augmentent d'importance aux dépends du trait noir. L'élément blanc est introduit. Le vitrail devient un tableau transparent. Les scènes s'étendent et occupent des fenêtres entières, franchissant les meneaux de pierre.

La découverte de la coloration superficielle du verre en jaune avec des sels d'argent cause la tendance à remplacer le verre de couleur par du verre blanc, sur lequel le verrier applique des émaux, afin de supprimer le plomb. Au XVIIe siècle, avec la Contre-Réforme, légendes et récits hagiographiques sont jugés trop naïfs.

En même temps, grâce à une alphabétisation croissante, les fidèles des églises peuvent s'instruire religieusement dans les livres de messe. Ils réclament d'ailleurs, des vitrages moins sombres, pour y voir mieux.

La fabrication du verre de couleur finit par disparaître, en France. Les ateliers de vitrail ferment. Le vitrail va mourir au XVIIIe siècle.

Il ressuscite sous Louis-Philippe, les besoins de restauration du patrimoine étant considérables. Deux techniques progressent alors parallèlement, d'une part, le vitrail archéologique, avec des verres teintés dans la masse, comme à la fabrique de Choisy-le-Roi, et d'autre part, la peinture par application de couleurs vitrifiables sur le verre, technique améliorée par la manufacture royale de Sèvres. Les expositions universelles seront l'occasion de promouvoir les techniques de réalisation.

En 1867, il y avait cinquante-quatre exposants de vitraux, dont trente français. En 1878, il y avait soixante dix-neuf exposants, dont cinquante-six français.

Edouard Didron ne cache pas ses faveurs pour la technique archéologique, avec le plomb qui accentue harmonieusement

La collection de vitraux

les contours des figures. Quoi qu'il en soit, *la coloration doit être franche, énergique, composée d'un petit nombre de tons et produisant une harmonie à la fois somptueuse et calme qui attire doucement l'attention, sans l'absorber au détriment du cadre.*

L'ÉGLISE NOTRE-DAME

Les orgues de Notre-Dame
Le chant des anges

Pendant plus d'un millénaire, le chant est la seule intervention musicale admise dans la liturgie catholique [SAN]. Toléré seulement certains jours, l'orgue est plutôt un intrus, à côté du chœur. Après le concile de Trente, l'usage de l'orgue fait l'objet

L'orgue restauré en 1993

de quelques réglementations inspirées par le Cérémonial des évêques[28].
A partir du XVIIe siècle, l'instrument est en plein essor. Après le concile de Vatican II[29], l'orgue à tuyaux est hautement estimé et « considéré comme l'instrument traditionnel dont le son peut ajouter un éclat admirable aux cérémonies de l'Église et élever

Les orgues

puissamment les âmes vers Dieu et le ciel ».
Ne dit-on pas aussi que le son de l'orgue se rapproche de celui du chant des anges. Mais c'est dans le rituel de la célébration de la bénédiction, véritable concert sacré, que l'on trouve le rôle de l'orgue dans la liturgie de l'Église.

Le buffet de Moisseron et André

Au fond de la nef de l'église, dans la tribune au-dessus de la porte d'entrée principale, le buffet néo-gothique qui supporte la partie instrumentale de l'orgue a été sculpté par l'atelier Moisseron, dont nous avons parlé ci-dessus pour la réalisation de la chaire.
Le monument de bois de chêne ciré occupe tout l'espace du fond de la nef, ignorant la présence de la verrière de la façade ouest, mais sans lourdeur : « la trame verticale est niée, on lui préfère le jeu gracieux de courbes et contre-courbes qui se déploient dans l'espace en mouchettes et soufflets » [COC].
A la partie inférieure des trois tourelles de la montre[30], posée en encorbellement sur la tribune, les consoles représentent au centre, le blason de la Ville et sa devise et, de part et d'autres, un musicien. L'un joue de la cornemuse et, l'autre, de la flûte de pan.
C'est un rappel des caractères de l'orgue; le souffle de l'air et les tuyaux.
La réalisation du buffet est terminée en février 1874. Il a coûté 7000 francs.
Par arrêté du 17 mars 1986, le buffet a été inscrit sur l'inventaire des objets mobiliers classés. Des modifications de détail ont été apportées en 1993, lors de la restauration complète de l'orgue.

L'ÉGLISE NOTRE-DAME

L'instrument musical

L'instrument musical se présente aujourd'hui tel qu'il a été restauré par la manufacture Languedocienne des Grandes Orgues, de 1992 à 1994. Cette restauration à consisté à retrouver l'orgue tel qu'il avait été installé par le facteur Louis Bonn en 1850 et réinstallé et augmenté par le même et Louis Debierre, après l'agrandissement de l'église de 1872.
La partie instrumentale de l'orgue, qui a été dotée d'un ventilateur électrique en 1926, au prix de 4200 francs, a été

Louis Bonn (1818-1881), d'origine allemande, s'installe facteur d'orgue à Tours, puis à Fondettes. Il réalise de nombreux travaux dans toute la région. A son décès, son fils Frédéric le remplace.
Louis Debierre (1842-1920), né à Nantes, fait son apprentissage de facteur d'orgues à Paris. Il installe sa manufacture à Nantes en 1863. Il dépose un brevet, en 1882, pour fabriquer des tuyaux à notes multiples. Il construit en grand nombre des orgues portatifs appelés « polyphones » qu'il expédie dans le monde entier. En 1919, il cède sa manufacture à Georges Gloton.
La manufacture Languedocienne des Grandes Orgues a été créée à Lodève en 1980, par Georges Danion et Annick Danion-Gonzalez. En 1990, Charles-Emmanuel Sarelot, facteur d'orgues, devient co-gérant, avant de rester seul gérant en 1998.

---

classée le 7 mars 1989, au titre des monuments historiques. Après la restauration de 1994, l'instrument comporte donc aujourd'hui trente trois jeux.
Trois claviers de cinquante-six notes commandent :
le Positif dorsal au niveau de la tribune; le Grand orgue, proprement dit, au premier étage et le Récit expressif au second étage. S'y ajoute la Pédale à quatre jeux et trente notes.
L'instrument réunit ainsi environ deux mille cinq cents tuyaux.
Une fiche descriptive est disponible, en *Annexe 3*.
Cette restauration a coûté 2 805 440 francs, au total [COC].

Les orgues

Elle a été financée par l'État, les collectivités territoriales et une fondation privée.
L'inauguration et la bénédiction de l'orgue ont eu lieu le dimanche 27 novembre 1994.
Cette cérémonie s'est déroulée, en présence de l'évêque François-Désiré Mathieu, devant une assistance de plus de 1100 personnes, avec le concours de la maîtrise de la cathédrale d'Angers.
André Isoir, organiste titulaire de l'église Saint-Germain-des-Prés de Paris était à l'orgue.
Depuis, comme l'a écrit l'abbé Jean Réveillère, alors curé de Beaufort, « *Ce grand orgue va donc recouvrer sa mission d'accompagner la démarche de tous ceux qui viendront célébrer en cette église. Puisse-t-il pleurer avec ceux que la douleur accable, chanter avec ceux dont le cœur déborde de joie, favoriser la prière de ceux qui viennent ici se ressourcer, célébrer et se recueillir* »[COC].
L'orgue de Notre-Dame, devenu une référence dans le département, accompagne chacune des messes dominicales. Il est aussi utilisé par des concertistes au-delà du cadre religieux. Chaque printemps, les demi-finales du grand prix Jean-Louis Florentz sont organisées à Beaufort-en-Vallée.

L'orgue de chœur de Debierre

Lors de la restauration du grand orgue de 1872-1882, la fabrique prévoyait un orgue portatif à mettre en place dans le chœur.
Le facteur Debierre fournit un « polyphone », petit orgue utilisant les tuyaux à notes multiples, technique dont il a déposé le brevet. Il en a coûté 2000 francs à la fabrique, en

L'ÉGLISE NOTRE-DAME

1883. Cet instrument est encore en service aujourd'hui, près du sanctuaire, du côté du bras nord du transept.
Debierre a vendu 440 « polyphones » fabriqués en série et numérotés, dans le monde entier. Il paraît que ce modèle répondait au départ, à une commande de pays africains qui voulaient transporter l'instrument par bateau.

0000

> *Auguste Guillaume dirige l'ancien atelier Guillaume et Besson, créé à Angers en 1840 et qui a fourni, en particulier, des cloches pour Notre-Dame de Paris en 1856.*
>
> *Adolphe Havard (1842-1922), ingénieur polytechnicien, surnommé "le Grand fondeur". L'actuel atelier de fonderie de cloches "Cornille-Havard", 9 rue du Pont-Chignon à Villedieu, a été construit par ses soins en 1865.*

Les cloches

Nous ne les voyons pas mais elles se font entendre au loin. Elles sont des messagères pour l'ensemble de la population.

Pendant des siècles, elles ont rythmé le temps de travail et de repos, les événements de la vie religieuse et privée des habitants. Elles ont souligné les grands moments de l'histoire de France, heureux ou malheureux.

Elles ont, pour beaucoup, déserté les clochers des églises, sous la Révolution. Elles sont revenues, peu à peu, au XIXe siècle.

Aujourd'hui, elles sont parfois l'objet de polémiques dans la population. Certains veulent les faire taire, pour leur tranquillité.

La charpente du beffroi qui supporte les cloches de l'église de Beaufort a été reconstruite en 1878, lors des travaux d'agrandissement. Les cinq cloches ont été nommées et bénites, comme il se doit. En voici la description sommaire.

1 – Marie-Louise bénite en 1806 mais refondue en 1885, dans l'atelier de Adolphe Havard. Cela a coûté 2104 francs, compris démontage et remontage dans le beffroi. François-Marie Danquetil de Ruval, maire de la commune, était le parrain ; Louise d'Andigné veuve Le Gros de Princé, était la marraine.

2 – Augustine-Françoise-Victoire, fondue aux frais de la ville pour 4180 francs, en 1836. Elle pèse 1000 kg. François Régis était son parrain ; Anne Victoire de la Motte était sa marraine.

3- Perrine-Victoire, bénite en 1807 ; M. Giroust, juge de paix était le parrain ; Victoire Dufour, épouse de Jacques Danquetil, était la marraine.

Ces deux cloches ont été déposées et reposées en 1879 par le fondeur Auguste Guillaume.

L'ÉGLISE NOTRE-DAME

4 – Marie-Germaine, la petite cloche ; Alexandre de la Cochetière était le parrain ; Germaine d'Amoy était la marraine.
5 – Marie-Clémence, le bourdon pesant 5400 kg ; l'abbé Le Boucher était le parrain ; Aimée du Landreau était la marraine.
Ces deux dernières cloches ont été bénites par Mgr Charles-Emile Freppel, évêque d'Angers, le 5 juin 1879. Elles ont été fondues par Auguste Guillaume.
Pour amener le bourdon dans le beffroi, il a fallu percer le plafond de la chapelle du transept nord.
Entre fin octobre 1877 et août 1880, les travaux exécutés et les cérémonies organisées pour les cloches ont coûté près de 12 000 francs.
Ces cloches ont été électrifiées en 1930.
A certaines époques, elles ont souvent été utilisées immodérément. Sonner « à toutes volées » et à répétition fatigue le beffroi, s'il ne fend pas la cloche, elle-même.
A ce sujet, on dit qu'aux temps anciens, des mendiants étaient requis pour accomplir cette tâche. On les appelait des clochards. S'ils recevaient quelques sous ou bouts de pain pour cela, ils ne s'en privaient pas.
N'importe, devant les risques encourus pour les structures, par une utilisation trop dense des cloches, il a parfois fallu la restreindre, voire l'abandonner, au moins pour le gros bourdon. C'est bien ce qui est arrivé, il n'y a pas si longtemps au clocher de Beaufort. Le beffroi a dû être consolidé. En l'attente, les sonneries ont été interrompues.

00000

L'église après 1905

La séparation des Églises et de l'État

Après la mise en application du Concordat de 1801, l'exercice du culte dans une paroisse, la gestion et la construction des édifices ont été confiés à un établissement public du culte communal, présidé par le maire.

A partir de la Restauration en 1814, l'idée d'une séparation des Églises et de l'État se diffuse progressivement [DUC], mais c'est à partir de la IIIe république que la dite séparation apparaît comme nécessaire pour les défenseurs du courant laïque, à la fois républicain et anticlérical.

La loi du 9 décembre 1905 institue la séparation des Églises et de l'État. Dès lors, « la république ne reconnaît, ne salarie ni ne subventionne aucun culte » et les dépenses relatives à l'exercice des cultes sont supprimées des budgets de l'État, des départements et des communes. L'établissement public de culte est supprimé.

A sa place une association cultuelle doit se constituer pour recevoir la propriété des biens éventuels de l'ancien établissement, prendre en charge les frais afférents aux immeubles et au mobilier. Cette séparation a pour corollaire la nécessité de décrire et estimer les biens utiles à l'exercice du culte et confiés aux futures associations cultuelles.

L'ÉGLISE NOTRE-DAME

La réalisation des inventaires

Des inventaires sont alors prescrits et réalisés par le receveur des domaines, en présence de la force publique, du curé de la paroisse et du président de la fabrique.

La mise en application s'avère difficile, le pape Pie X condamnant la séparation et, plus particulièrement les associations cultuelles.

Les inventaires ont néanmoins commencé dès le début de l'année 1906.

Ils comportent deux parties : les biens dépendant de la fabrique, d'une part, et les biens de la mense[31] curiale, d'autre part.

Dans certaines communes, et notamment dans l'ouest de la France, les inventaires provoquent des désordres graves.

A Beaufort-en-Vallée, les opérations d'inventaire sont réalisées, sans doute, dans le calme, mais le président de la fabrique M. Lesourd ne s'y présente pas, bien qu'il y soit convoqué.

Enfin, le 5 février 1906, a lieu l'inventaire des biens de la mense curiale de la paroisse. C'est M. Sureau, sous-inspecteur des Domaines, qui reçoit les déclarations du curé Mathurin Guittet.

Un titre de 121 francs de rente est inscrit, mais le curé proteste aussitôt car cette rente provient d'une donation destinée a être distribuée aux pauvres par les curés successifs. Elle ne devrait pas leur être retirée. Le curé Guittet refuse in fine de signer le procès-verbal.

L'inventaire des biens de la fabrique n'a pas lieu, à la suite. Il est probable que les interlocuteurs ont attendu que les esprits se calment, comme cela a été recommandé au niveau national.

L'église après 1905

Le 20 novembre 1906, M. Péricaud, receveur des Domaines, en présence de deux gendarmes et du curé Mathurin Guittet, procède à cet inventaire.
Le chapitre Ier liste les biens de la fabrique de l'église.
On y décrit, avec estimation, essentiellement le mobilier, meuble par destination, mais aussi :
- deux bénitiers en pierre scellés dans le sol ;
- 4 confessionnaux en bois noyer, scellés au mur ;
- les fonts baptismaux en pierre scellés au sol entourés d'une grille en fer ;
- une chaire à prêcher scellée au mur, chêne sculpté ;
- 20 bras de lumière fixés aux murs, à gaz et à huile ;
- 6 statues en plâtre peint (St Joseph, la Vierge, St Antoine, Ste Anne, St Clément, le Sacré-cœur);
- un christ devant la chaire, bronze scellé au mur ;
- 4 tableaux scellés au mur ;
- 3 grilles de chapelles latérales en fer peint ;
- une grille de chœur ;
- un autel en pierre avec colonnes imitation marbre, table, tabernacle et sa porte, retable, panneaux, exposition et ciborium ;
- dans la tribune, les grandes orgues scellées ;
- dans le clocher, une horloge et 5 cloches fonte.
On inscrit aussi deux titres de rentes pour 497 francs pour les charges de service religieux et fondation de messe.
Le chapitre II concerne les biens de l'État, des départements, des communes, dont la fabrique n'a que la jouissance.
Il y a le terrain sur lequel est bâti l'église (paraît appartenir à l'État), estimé 4000 francs.
Aussi, le presbytère occupé par M. le curé (paraît appartenir à la commune), estimé à 20 000 francs.

L'ÉGLISE NOTRE-DAME

Précisons qu'il s'agit ici de l'ancien presbytère de la rue Bourguillaume, utilisé jusqu'en 1927.

A été joint à l'inventaire une lettre de M. de la Cochetière qui revendique la propriété de divers vitraux et de la petite cloche Marie-Germaine.

Nous ne commenterons pas cet inventaire, dont le plan et le contenu peuvent étonner. Il n'a pas été signé par le curé Guittet et son utilité finale n'a pas été vérifiée.

En effet, suite à une absence assez généralisée de constitution d'association cultuelle, une loi d'apaisement du 2 janvier 1907 a précisé que les « édifices affectés à l'exercice public du culte continueront à être laissés à la disposition des fidèles et des ministres du culte pour la pratique de la religion ».

Puis la loi du 13 avril 1908, dite de conservation des édifices du culte, attribue aux communes, les édifices et les meubles les garnissant, existants en 1905 et affectés au culte.

La charge de leur entretien revient donc à la commune.

Quant aux frais et l'entretien du culte catholique, des associations diocésaines qui respectent la hiérarchie catholique sont créées à partir de 1924, pour y pourvoir. Pour le diocèse d'Angers, la préfecture a donné récépissé de la déclaration correspondante, le 2 septembre 1926.

Classement et conservation des biens

La loi de séparation n'a pas omis de considérer l'intérêt historique et artistique des édifices religieux et de leur mobilier. Par rapport à la procédure de classement des monuments historiques fixée par la loi de 1883, l'article 16 de la loi de 1905 a prévu, dans le délai de trois ans, un classement complémentaire des édifices servant à l'exercice public du

L'église après 1905

culte, en particulier des églises (et leur mobilier), qui représentent, dans leur ensemble ou dans leurs parties, une valeur artistique ou historique.

En 1908, dans l'urgence des classements, un conservateur des Antiquités et Objets d'Art est nommé, par le gouvernement, dans chaque département pour veiller au patrimoine des Monuments historiques.

Le premier conservateur en Maine-et-Loire est le chanoine Urseau[32].

Aujourd'hui, c'est le Conseil général qui prend en charge ce service.

A Beaufort, le clocher a été inscrit[33] le 12 décembre 1963 et le reste de l'église le 6 avril 1994.

Le tableau de « l'adoration des mages » de Lagouz, a fait l'objet d'un classement définitif en 1906.

Le buffet de l'orgue de tribune, de Moisseron et André, a été inscrit en 1986, alors que la partie instrumentale de Louis Bonn a fait l'objet d'un classement définitif en 1989.

Certains objets et notamment quelques tableaux, autrefois accrochés aux murs de cette église, ont été délocalisés pour des raisons diverses.

En particulier, des toiles parmi les plus remarquables ont rejoint le musée Joseph Denais, voisin de l'église.

Il y a souvent débat sur le fait de conserver ou non des œuvres dans leur lieu d'origine. Il est patent qu'un musée peut mieux protéger des objets qui ne servent plus vraiment à l'exercice du culte, les présenter, les restaurer.

Néanmoins, hors de son cadre original, l'œuvre d'inspiration religieuse, perd une partie de son sens et, l'édifice-église perd une partie de son attrait.

Pour Pierre Rosenberg, académicien français, le musée n'est

L'ÉGLISE NOTRE-DAME

pas une église [ROS]. Il déplore d'ailleurs l'état d'abandon de la plupart des églises françaises : « claire et bien tenue, accueillante et aimée, en instruisant le visiteur, elle [l'église] aiderait le croyant. Elle retrouverait son âme ».

Notre-Dame de Beaufort, référence régionale

L'église Notre-Dame possède deux atouts patrimoniaux majeurs : ses vitraux et son orgue. Nous nous sommes attachés, avec cette fiche, à les faire connaître, dans leurs murs, le mieux et le plus complètement possible.

Il ne faut pas oublier, néanmoins, que rien ne vaut si la conservation de l'édifice, lui-même, ne peut être assuré. Il y a de nombreux exemples de mise en échec.

L'église Notre-Dame, devenue bien vaste, avec des volumes complexes, une architecture riche mais souvent fragile, est une cause de dépenses importantes dans les finances publiques.

Dès lors, sans cesser d'être un endroit de culte, ne pourrait-elle pas devenir une référence régionale pour l'attractivité touristique de la cité ?

A ce titre, elle a un atout majeur. Elle se voit de loin.

ooooo

L'église après 1905

Façade ouest et portail d'entrée de Notre-Dame

L'ÉGLISE NOTRE-DAME

ANNEXES

I – Tableau généalogique de la famille de Jousbert du Landreau

II – Les vitraux de Notre-Dame

III – La restauration des orgues - 1994

Sculpture de Hubert Louis Noël en mémoire du curé Le Boucher

Annexes

I - Tableau généalogique de la famille de Jousbert du Landreau

René, Louis de Jousbert du Landreau (-1793)		Claude, Alexandre Duvau de Chavaigne (1767-)	
épouse le 4 janvier 1785 Antoinette d'Escoublac de Sourdis (1765-)		épouse Hélène, Catherine Chevaye du Plessis fille de René Chevaye maire de Beaufort	
fils Casimir, Gaston du Jousbert du Landreau né le 6 août 1786 à Saint-Pierre des Herbiers décédé le 16 décembre 1857 à Beaufort-en-Vallée	épouse le 2 août 1813 à Beaufort-en-Vallée	fille Clémence, Aimée Duvau de Chavaigne née le 8 février 1792 à Beaufort-en-Vallée décédée le 8 février 1792 à Nantes	
Casimir de Jousbert du Landreau né le 30 mai 1814 à Beaufort-en-Vallée	Gaston Marie de Jousbert du Landreau né le 11 janvier 1819 à Beaufort-en-Vallée décédé le 28 janvier 1877 aux Herbiers	Clémence, Claudine de Jousbert du Landreau née le 17 février 1816 à Beaufort-en-Vallée décédée le 24 mars 1874 à Beaufort-en-Vallée	Aimée, Eugénie de Jousbert du Landreau née le 13 mars 1825 à Beaufort-en-Vallée décédée le 4 avril 1904 à Beaufort-en-Vallée
	épouse le 19 mai 1856 à Martigné-Briand Marie de Romans		
René, Clément, Hyppolite de Jousbert du Landreau né le 14 mai 1857	Antoinette, Marie de Jousbert du Landreau née le 2 novembre 1861 à Angers décédée le 2 novembre 1945 aux Herbiers	épouse le 9 juin 1884 à Angers sans descendance	Jean, Emile Bermond d'Auriac né le 29 septembre 1855 décédé le 31 mars 1928 à Neuilly sur Seine

L'ÉGLISE NOTRE-DAME

II Les vitraux de Notre-Dame

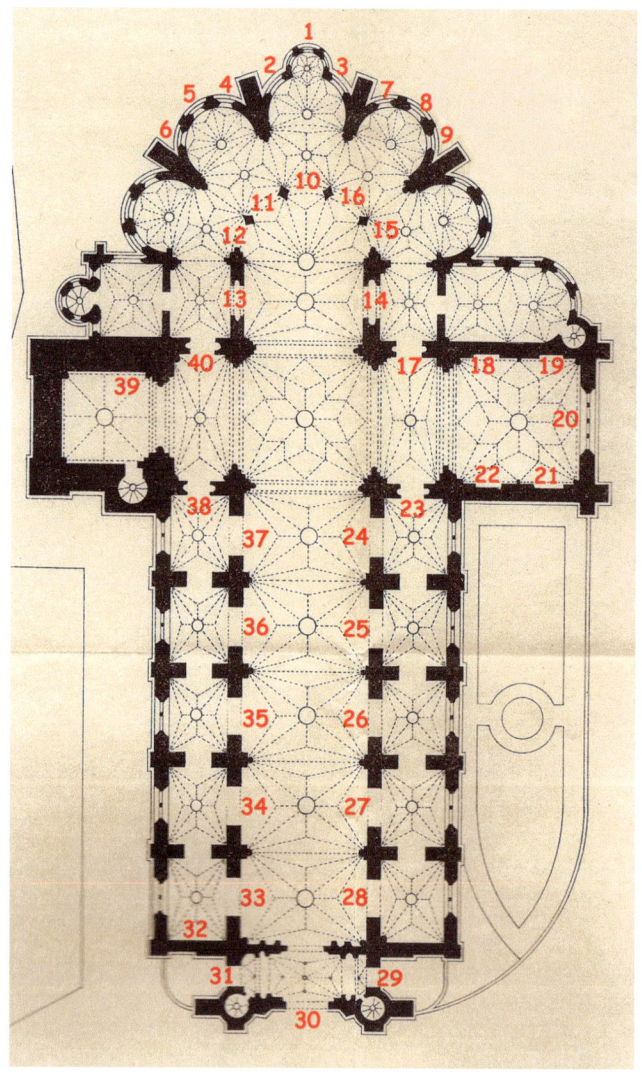

Annexes

DESCRIPTION

selon Joseph Denais dans un extrait de la revue d'Anjou 1889

N°	Commentaire
1	Chapelle du chevet, dédiée à Notre-Dame de Beaufort Dans la lanterne : ornements et attributs de la patronne, entrelacs blancs et bleus, lis et tour, « Fortis et Decora ».
2	Jésus est retrouvé dans le temple, étonnant les docteurs. Marie remettant le scapulaire du Carmel à saint Simon Stock.
3	L'annonciation Saint Dominique recevant le Rosaire.
4	Panneau de droite : la sainte famille à Nazareth. Panneau de gauche : la nativité de Notre-Seigneur.
5	Chapelle Saint-Augustin Panneau de droite : saint Augustin, évêque d'Hippone, lave les pieds du Sauveur qui lui apparaît sous les traits d'un pèlerin. Au fond, vue d'Hippone. Panneau de gauche : baptême de saint Augustin par saint Ambroise. Au premier plan, sainte Monique assiste à la cérémonie.
6	Panneau de droite : la mère admirable, d'après un tableau de Mme Perdreau, d'Angers, religieuse du Sacré-Cœur à la Trinité des Monts, à Rome. Panneau de gauche : la présentation de la sainte Vierge au temple, par sainte Anne et saint Joachim.

L'ÉGLISE NOTRE-DAME

7	Panneau de droite : la mère admirable, retirée dans la maison de saint Jean, le disciple bien-aimé, achève sa tâche. Panneau de gauche : Marie et saint Jean rencontrent Jésus sur la route du calvaire.
8	Chapelle de la reine, dédiée à saint Clément Panneau de droite : Jeanne de Laval, comtesse de Beaufort, accompagnée de Marguerite de Créhallet, l'une de ses dames d'honneur (debout), donne à un magistrat de Beaufort le règlement de 1471 pour les biens communaux de la vallée de Beaufort ; au fond, vue de l'église de Beaufort en 1884. Panneau de gauche : à la prière du pape saint Clément, un agneau fait jaillir une source pour désaltérer des ouvriers travaillant à l'exploitation d'une carrière de marbre.
9	Panneau de droite : Notre-Dame Auxiliatrice-des-Chrétiens dont la fête fut instituée le 24 mai, par Pie VII, pour l'anniversaire de son retour à Rome en 1814, après sa captivité ; aux pieds de l'image de N.D. Auxiliatrice, et au fond, des pèlerins, guerriers, vieillards, mères, implorant le secours de Marie. Dans le lointain, à droite, basilique de Notre-Dame de Lourdes. Panneau de gauche : le couronnement de la sainte Vierge.
10	Pie IX (à genoux, chape d'or) Il proclame le dogme de l'Immaculée conception de Notre-Dame, le 8 décembre 1854. A gauche et à droite, cardinaux et évêques figurant l'église enseignante. Au

	sommet, Notre-Dame de Beaufort foulant aux pieds le serpent écrasé par la croix que tiennent à la fois Jésus et Marie. De chaque côté, des anges portant les symboles de l'Immaculée conception, la tour d'ivoire, la rose mystique, le miroir de la sagesse, la porte du ciel, le vase honorable, l'étoile du matin, et un listel avec ces mots du Cantique des Cantiques « Vous êtes toute belle, ô mon amie ! »
11	Serviteurs insignes de Marie aux XVIIe et XVIIIe siècles Dans la procession qui porte une statue de Notre-Dame, à l'église Saint-Sulpice de Paris (à droite) et passe à côté de l'abbaye de Saint-Germain-des-Prés, figure, au premier plan, à droite (tête nue, robe violette) saint François de Sales, évêque de Genève, fondateur de la visitation Sainte-Marie. Au milieu du vitrail (mitre, chape d'or), saint Alphonse de Liguori. A ses côtés, derrière (en surplis), M. Olier, fondateur des prêtres de Saint-Sulpice, le P. Eudes (robe noire, cœur à la main), fondateur de Notre-Dame-de-Charité, Jérome Le Royer de la Dauversière (toque rouge), fondateur des religieuses hospitalières de Saint-Joseph de La Flèche, Baugé, Mont-Réal, Beaufort, etc.
12	Le vœu de Louis XIII, le 15 août 1638 Le roi (manteau fleurdelisé) présente sa couronne à Notre-Dame, portée sur des nuées par les archanges et met sa personne et son royaume sous la protection de la sainte Vierge. A droite, la reine Anne d'Autriche (robe bleue, écharpe rouge et or). A gauche, le cardinal de Richelieu, comte apanagiste de Beaufort (robe rouge).

L'ÉGLISE NOTRE-DAME

13	Le pape Pie V, de l'ordre de saint Dominique Les mains levées vers le ciel, qu'il a imploré pendant tout un jour et tout une nuit, il annonce aux prélats de la Cour pontificale la révélation qu'il vient d'avoir du succès prodigieux des chrétiens sur les ottomans à la journée de Lépante, le 7 octobre 1571, qui mit en liberté quinze mille catholiques. A gauche, la coupole de saint Pierre de Rome, à droite le château Saint-Ange. Dans le lointain, la flotte ennemie repoussée par les vents qui viennent de subitement changer, à la prière de saint Pie V.
14	Bataille de Lépante en 1751 Don Juan d'Autriche (armure d'or, manteau rouge) excite ses troupes en montrant la croix. Les musulmans, vaincus, luttent contre les chrétiens dans les eaux de Lépante. Au fond, la flotte, l'artillerie aveuglant les mahométans. Notre-Dame préside à la victoire de la foi sur l'islamisme.
15	Délivrance de Vienne en 1683 Venu pour secourir l'empereur d'Autriche Léopold, dont la capitale était assiégée par les turcs, sous le commandement de Mahomet, Jean Sobieski, roi de Pologne (cote d'armes, manteau rouge) communie en présence de sa petite armée, au moment de livrer bataille qu'il doit remporter sur les musulmans, aux cris de : « Marchons, confiants en l'assistance de Marie ». A côté de Sobieski, guerriers polonais. Au fond, l'étendard de Pologne qui fut envoyé au pape en mémoire de cette victoire. Sur la tente royale (angle supérieur, à gauche), le nom de « Maria ».

Annexes

16	Couronnement de Notre-Dame Auxiliatrice de Savone, par Pie VII Le pape, ayant été prisonnier cinq ans à Savone, y revient pour couronner la statue de la sainte Vierge. A droite du pape, la cour pontificale : clercs, prélats, cardinaux, évêques. A gauche : thuriféraire, garde-suisse.
17	Jeanne d'Arc, portant sa bannière avec les noms « Jésus, Maria » Elle présente Charles VII à l'archevêque de Reims pour le faire sacrer roi de France, le 17 juillet 1429. A gauche, l'archevêque, l'abbé de Saint-Rémy (robe noire de bénédictin, mitre blanche) portant au cou la sainte ampoule. A droite, le roi de France (armure d'or, panache rouge) sur un cheval tenu à la bride par un jeune page. Clergé sur le seuil de la cathédrale. La cour, Dunois, le duc d'Alençon, les pairs laïques, parmi lesquels se trouvait le sire de Laval, père de Jeanne, comtesse de Beaufort.
18	Saint Bernard, abbé de Clairvaux, fondateur des Cisterciens (1091-1153) Il reçoit, pendant une maladie, la vision du mystère de la Nativité.
19	Saint Maur, abbé de Glanfeuil (VIe siècle) Envoyé par saint Benoist, fondateur des bénédictins, avec quatre compagnons, Antoine, Constantinien, Simplicien et Faustus, il fonde, près de Beaufort, sur le domaine de Glanfeuil, territoire de Florus, puissant seigneur de la cour du roi d'Austrasie, Theodebert, l'abbaye de Saint-Maur-sur-Loire, qui donna son nom à

L'ÉGLISE NOTRE-DAME

	la congrégation des bénédictins réformés de France. Au-dessus de saint Maur, des anges portent le plan de la célèbre abbaye bénédictine.
20	La grande verrière du Sacré-Cœur
Cette verrière résume le poème de la charité du Sauveur. A la manière des tapisseries flamandes du XVe au XVIe siècle, cent huit personnages s'étalent sur cette verrière.
Autour de Jésus crucifié entre Marie, sa mère, et saint Jean son disciple bien-aimé, sur fond d'église de Paray-le-Monial, d'église du vœu national de Monmartre, de la chapelle de la Visitation de Paray-le-Monial et du Pélican, symbole de l'inépuisable charité de Dieu, au pied de la croix.
On voit sur le côté gauche et de haut en bas : Adam et Eve, Abel, Isaac, Abraham, Noë, Melchisédech, Joseph, Moïse, Aaron, Elie, Isaïe, Zacharie et Daniel, les Sibylles de Cumes, de Delphes et de l'Hellespont, le roi David, Nathan, Ruth, le bon samaritain, l'enfant prodigue, Job, saint Jean-Baptiste, saint Joseph, les rois mages, les bergers, le vieillard Siméon, la femme adultère, saint Lazare, l'aveugle-né, le paralytique, saint Pierre, saint Paul, saint André, saint Jacques le majeur, sainte Madeleine, sainte Marthe, sainte Véronique, Simon le Cyrénéen, Joseph d'Arimathie, Nicodème, saint Dismas, le bon larron, saint Longin, saint Thomas. Et sur le côté droit, en descendant : sainte Hélène, l'empereur Constantin, l'empereur Héraclius, saint Jérome, saint Ignace, sainte Paule, sainte Eustochie, sainte Monique, saint Augustin, saint Basile, saint Athanase, saint Martin, Charlemagne, sainte Clotilde,

Annexes

	saint Louis, saint Grégoire le Grand, saint Jean de Dieu, saint François d'Assise, saint Bernardin, saint Jean de Capistran, saint Bonaventure, sainte Claire, saint Antoine de Padoue, sainte Gertrude, saint Bernard, deux chevaliers croisés, Godefroid de Bouillon, Saint Dominique, saint Thomas d'Aquin, sainte Catherine de Sienne, sainte Thérèse, sainte Marie-Madeleine dei Pazzi, saint Norbert, saint Jean l'Aumônier, saint Charles Borromée, saint Elzéar de Sabran, sainte Delphine, saint Jean de Matha, saint Ignace de Loyola, saint Stanislas Kotska, saint François de Sales, sainte Chantal, saint Vincent de Paul, la B. Marguerite-Marie, le P. Eudes de Mezeray, le P. de la Colombière, Mgr de Belzunce, saint Pie V, Pie VII, Pie IX et Louis XVI.
21	*En bas* Saint Bruno d'Hartenfaust, fondateur des Chartreux (1040-1101) Bruno (robe blanche, nimbe) construit la chapelle de Casalibus, avec la protection de saint Hugues, évêque de Grenoble (crosse, nimbe), qui vient de voir en songe s'élever un temple superbe, au milieu du désert de la Chartreuse, avec une couronne de sept astres étincelants qui en domine le faite (1084). *En haut* Saint Bruno accepte le don du monastère de saint Jacques, après celui de l'église de sainte Marie et de saint Etienne, des mains de Roger, prince de Sicile et comte de Calabre, qui lui devait le salut de son armée à Capoue.

L'ÉGLISE NOTRE-DAME

22	*En bas* Saint Ignace de Loyola, fondateur de la compagnie de Jésus (1491-1556) Ignace (nimbé, soutane noire) et six compagnons, vient à l'église de Montmartre, le jour de l'Assomption 1534, faire vœu d'établir la Compagnie de Jésus. *En haut* Ignace (armure), ancien page de Ferdinand V, guéri d'une blessure contractée au siège de Pampelune, vient en pèlerinage à Notre-Dame de Montserrat, en Catalogne. Au fond seigneurs et dames. Au pied de l'autel un des pauvres, en faveur duquel le saint se dépouilla de tous ses biens, en se retirant à l'hôpital de Manrèze.
23	Saint Dominique, fondateur de l'ordre des Dominicains, sous la règle de saint Augustin (1170-1221) *En bas* Saint Dominique fait une prédication dans le Languedoc, contre les hérétiques albigeois, au milieu d'un concours de peuple et de grands seigneurs. *En haut* Saint François d'Assise, fondateur des Cordeliers, Récollets, Capucins (1182-1226) Il obtient, par l'intercession de Notre-Dame, l'indulgence de la Portiocule, accordée en 1221, et étendue à toutes les églises du premier, du second et du tiers ordre de saint François.
24	*En bas* Le Dôme d'Aix-la-Chapelle, édifié en l'honneur de Marie par Charlemagne (riches

	vêtements, couronne impériale). A sa droite Alcuin (vieillard, barbe blanche). A gauche, l'architecte présente le plan de l'église à l'empereur (an 800). Au fond, vue du Rhin. *En haut* L'abbaye de Fontevrault Le bénédictin Robert d'Arbrissel a une vision de Jésus en croix, dans la forêt de la Roë, et fonde l'abbaye de Fontevrault (1099) ; dans le lointain, vue de l'abbaye.
25	*En bas* Notre-Dame de la charité du Ronceray d'Angers A l'horizon, la ville d'Angers. A droite, revêtus de somptueux ornements, les fondateurs du Ronceray, le comte d'Anjou, Foulques Nerra, seigneur de Beaufort, et sa femme Hidegarde (XIe siècle) par anachronisme, assistent à des fouilles qui amenèrent, en 1527, la découverte d'une statue en bronze de la sainte Vierge, dans un buisson de ronces toujours vert, et d'une crypte où s'étaient réunis, dès le Ve siècle, , saint Mars, saint Victor, saint Melaine, saint Aubin et saint Laud, crypte où la statue de Marie fut en grande vénération. *En haut* Notre-Dame de Boulogne Les habitants de Boulogne, pressés par la sainte Vierge de se rendre sur les bords de la mer, sont accourus à la suite de leur gouverneur (robe rouge). Une barque sans matelots, sans rames, sans voiles, par une mer très calme, apparaît, ayant à la proue une douce et gracieuse image (statue en bois) de Marie (année 633).

L'ÉGLISE NOTRE-DAME

26	*En bas*
	Notre-Dame del Pilar (Notre-Dame du pilier) à Saragosse.
	L'apôtre saint Jacques, le bourdon à la main, n'ayant pu réussir à convertir que les sept personnes de différentes conditions qui figurent ici, se dispose à quitter l'Espagne, découragé, lorsqu'il aperçoit sur un pilier de jaspe, apporté par les anges, Marie, encore vivante, venue pour rendre courage à l'apôtre de l'Ibérie. Deux anges portent sur une banderole : « Ave Maria pleine de grâce ».
	En haut
	Notre-Dame du Puy
	Sur le mont Anis (le Puy-en-Velay), Marie apparaît dans une éblouissante auréole à une pieuse femme paralytique du pays des Vellaves, venue en ce lieu dans l'espoir d'une guérison. A gauche, le paralytique (robe verte), s'éveille à la vue de Notre-Dame, entourée d'anges, lui annonçant que la mère du sauveur a choisi ce lieu pour son sanctuaire préféré. A côté l'évêque du Puy, saint Georges, envoyé par saint Martial, évêque de Limoges, qui avait été informé de l'apparition miraculeuse, gravit le mont Anis (où s'élève, depuis 1855, la statue colossale en bronze de Notre-Dame de France, par Bonnassieux) et voit, sur la montagne couverte de neige, un cerf traçant avec ses pieds le plan du futur sanctuaire (11 juillet 220).

27	*En bas* Les funérailles de la Sainte Vierge, d'après la légende de Saint-Jean Damascène Sur un chemin de roses et de lis, dans la vallée de Josaphat, les apôtres, réunis miraculeusement à Jérusalem, se joignent au cortège des anges et des archanges, thuriféraires et musiciens, qui emportent au ciel le corps de Marie, entr'autres saint Pierre (manteau violet aux pieds du lit d'honneur), saint Jean l'Evangéliste (robe rouge et palme flamboyante). *En haut* Le couronnement de Marie au ciel, par les trois personnes de la Sainte Trinité. A droite et à gauche les apôtres. Au bas, deux anges, portant sur les listels « Venez ô mon épouse, recevoir la couronne » et « Vous l'avez couronnée de gloire et d'honneur ».
28	Le miracle de Cana (puissance de l'intercession de Marie) Vue de Cana, dans le lointain.

L'ÉGLISE NOTRE-DAME

	A la prière de sa mère, Jésus change l'eau en vin. Au premier plan, par anachronisme, René, duc d'Anjou et comte de Beaufort, présente à la sainte Vierge l'urne de porphyre rouge, qu'il légua par testament à la cathédrale d'Angers, aujourd'hui au musée Saint-Jean d'Angers, et qu'on croit être un des vases qui servirent au miracle de Cana. « Vinum non habent » dit L'Evangile : ils n'ont plus de vin. *En haut* Notre-Dame, première patronne de la paroisse ; saint Pierre, second patron (depuis la réunion de la paroisse de saint-Pierre-du-Lac) ; saint Augustin (patron de l'abbé Le Boucher), portant sur un livre ouvert cette allusion à l'absence de tache originelle en la sainte Vierge.
29	Petite verrière de la tribune des orgues qui figure des fleurs entrelacées, sur fond d'azur, autour des attributs de Notre-Dame de Beaufort, le lis et la tour « Fortis et decora ».
30	Grande verrière de la façade (derrière les tuyaux d'orgue) et donc malheureusement pas visible.
31	Petite verrière de la tribune des orgues qui figure des fleurs entrelacées, sur fond d'azur, autour des attributs de Notre-Dame de Beaufort, le lis et la tour « Fortis et decora ».
32	Baptême de Constantin par le pape saint Sylvestre. Baptême de Clovis, en présence de sainte Clotilde, par saint Rémy. L'empire romain et le royaume de France

Annexes

	deviennent catholiques en la personne de leurs chefs.
33	*En bas* Esther et Assuérus Esther (robe violette, manteau rouge) se jette aux pieds du roi Assuérus (manteau bleu, robe rouge, brodés d'or), pour demander la grâce de son peuple. A la gauche d'Assuérus, Aman. A la gauche d'Esther, Mardochée (robe verte, manteau violet) et deux serviteurs. Figure biblique de la sainte Vierge. *En haut* Les saints patrons de la famille du Landreau, bienfaitrice de l'église. Au centre sainte Aimée consacrée vierge par saint Alpin, évêque de Châlons, et qui vendit une partie de son domaine pour bâtir l'église de son pays natal : elle tient en ses mains l'acte de vente de ses biens et la figure du monument. A droite saint Casimir, roi de Pologne, tenant un lis, symbole de son amour de la virginité, et les premiers mots de l'hymne qu'il composa en l'honneur de Marie « Omni die dic Mariae ». A gauche, saint Clément, 3ème pape, tenant de la main droite, gantée de rouge, l'ancre de marine à laquelle il fut attaché et jeté à la mer : à ses pieds, l'agneau qui, à sa prière, indiqua une source miraculeuse.
34	La Pentecôte Le Saint-Esprit, sous forme de langues de feu, descend sur Marie et les douze apôtres. Au milieu, saint Pierre enseignant l'évangile aux romains et convertissant son geôlier (à genoux avec un trousseau de clefs) ; saint

L'ÉGLISE NOTRE-DAME

	Paul prêchant les grecs. A droite, saint Philippe (nimbe bleu) baptisant l'eunuque de la reine de Candie. Au-dessous (à gauche) saint Luc faisant le portrait de Marie. A la partie inférieure, saint Denis, premier évêque de Paris (chasuble et gants violets), tenant la bannière de France ; à ses pieds, un habitant de Lutèce ; à ses côtés, debout, saint Rustique et saint Eleuthère. A droite, saint Martial, évêque de Limoges, apôtre de l'Aquitaine, avec le bâton de saint Pierre (mitre, crosse et chape d'or). A gauche, saint Julien, évêque du Mans (tunique rouge, chasuble verte), arrachant de l'église le monstre du paganisme et apportant la vérité aux populations de l'ouest de la France.
35	*En bas* Notre-Dame des Neiges A l'horizon : vue de Rome, le Colisée, Saint-Pierre du Vatican, les sept collines. Au premier plan, à gauche, Jean, riche patricien (vêtements d'or chargés de pierreries), resté sans enfants et ayant résolu de consacrer ses biens à l'honneur de Marie, étant accompagné de sa femme, rencontre le pape Libère (chape verte, tiare). Le pape et le patricien ont vu l'un et l'autre en songe, le 5 août, sur la colline de l'Esquilin, le plan d'une église tracé par la neige. Au centre du vitrail, des ouvriers travaillent à la construction de l'église qui est devenue la basilique de Sainte-Marie Majeure. *En haut* Notre-Dame de sous terre, à Chartres Quatre druides, environ 1000 ans avant la naissance du sauveur, rendent culte à la Vierge-Mère. Le guerrier, à droite est, par anachronisme, Priscus, gouverneur du

Annexes

	pays chartrain, qui rapporta de Jérusalem le voile de la sainte Vierge, conservé à la cathédrale de Chartres, et dont une petite portion, obtenue de l'évêque par M. Le Boucher, est vénérée dans l'église Notre-Dame de Beaufort depuis le 28 septembre 1878.
36	*En bas* Notre-Dame Angevine Saint Maurille (336-426) évêque d'Angers, envoyé par saint Martin, évêque de Tours, aborde, en barque, au confluent de la Loire et de l'Èvre, au lieu dit depuis le Marillais, dans un bois consacré aux idoles. La sainte Vierge lui apparaît dans un léard et lui demande l'institution de la fête de la Nativité (8 septembre), connue sous le nom de l'Angevine depuis un temps immémorial. A droite, sainte Anne et saint Joachim, prosternés devant le berceau de Marie. Des ouvriers détruisent le bois sacré où s'élèvera un temple à la mère de Dieu. L'idolâtrie, sous la forme d'un dragon ailé, est mise en fuite. *En haut* Le concile d'Ephèse, tenu en 431, sous le pontificat du pape Célestin, dans le temple de Diane, est présidé par saint Cyrille d'Alexandrie (chape verte, barbe blanche) accompagné dans cette scène de huit évêques mitrés. A droite, Nestorius, qui gouvernait Contantinople (tête nue, portant un livre fermé, son nom est inscrit sur la bordure jaune de sa robe violette) quitte la salle conciliaire, confondu d'hérésie par l'assemblée pour sa prétention à contester à Marie le titre de « mère de Dieu ».

L'ÉGLISE NOTRE-DAME

37	*En bas* Notre-Dame des Ermites d'Einsiedelen (an 861) A gauche, Conrad, évêque de Constance, tombe à genoux, saisi d'admiration à la vue de Jésus-Christ (chapé d'argent et d'or) procédant lui-même à la consécration de l'église Notre-Dame des Ermites, en présence de Marie assise sur un trône. Jésus est assisté (à l'arrière plan) du pape Saint-Grégoire (dont on ne voit que la tête et la tiare) ; de saint Pierre (debout, tête nue, nimbe rouge, chape violette brodée d'or) ; saint Laurent (tête nue inclinée légèrement, nimbe jaune) ; saint Augustin (dont on ne voit plus que la tête mitrée, à droite) ; saint Étienne (un genou à terre) présentant l'huile pour la consécration. *En haut* Notre-Dame de Liesse (XIIe siècle) Une barque conduite par un ange (robe verte) et quittant les eaux du Nil, en vue de l'Égypte, porte la princesse Ismérie (manteau rouge et or, couronne d'or) tenant en ses mains une statue de la sainte Vierge sculptée miraculeusement, pendant la nuit, à la prière de trois chevaliers de Saint-Jean de Jérusalem, originaire de Laon, qui avaient été rendus à la liberté, et qui accompagnèrent la princesse à Liesse, au diocèse de Soissons.
38	Notre-Dame des Gardes *En bas* Antoine de l'Esperonnière, sieur du Pineau (riche armure, casque et couronne) prisonnier des corsaires, s'approche d'un autel pour y déposer la statuette en bois de la sainte Vierge, qu'il plaça dans un oratoire construit

Annexes

	par lui sur la montagne des Gardes. Derrière lui, seigneurs et dames. A droite de l'autel, trois des ermites (froc brun et robe noire) qui avaient l'entretien de l'oratoire de Notre-Dame des Gardes. *En haut* Sur un lourd pilier, Notre-Dame des Gardes, couronnée et nimbée d'or, entourée des affligés qui l'implorent. Au premier plan, un seigneur, tête nue, genou en terre, lui offre son épée: un peu en arrière, une mère lui présente un enfant malade ; une femme âgée et infirme, un vieillard, un aveugle s'approchent de la statue vénérée ; à l'arrière-plan, d'autres personnages moins caractérisés. Dans le lointain, à droite, vue de l'église actuelle des Gardes.
39	Notre-Dame de Béhuard *En bas* Sigon, abbé de Saint-Florent, descend dans la Loire et marche sur les eaux pour secourir un pêcheur qui, après lui avoir refusé ses services, se noie. D'une main, Sigon écarte son manteau dont le pan fend les flots ; de l'autre main il tend sa crosse d'or que saisit le pêcheur en péril. Au loin, sur un îlot, les religieux en prière. Sur le rivage, groupe saisi d'effroi. Dans le ciel apparition de la vierge de Béhuard. *En haut* Des gardes (armures) amènent un criminel condamné à mort, que le doyen et les six chanoines du chapitre, institué par Louis XI à la collégiale de Béhuard, avaient le droit de délivrer le vendredi saint de chaque année, en vertu du privilège royal. Le doyen, entouré des chanoines (robe noire, rocher, barrette) approche la

L'ÉGLISE NOTRE-DAME

	main gauche de la tête du prisonnier et de la main droite touche ses fers, comme pour symboliser sa délivrance.
40	Jeanne de Laval, reine de Sicile, comtesse de Beaufort, au manteau d'or brodé d'hermines. Elle pose la première pierre de l'église nouvelle de Beaufort. Autour de la reine, la petite cour, un page, bourgeois et seigneurs beaufortais. Un magistrat (robe violette) offre à Jeanne la truelle. Un ouvrier lui présente le mortier. A droite, le clergé séculier et régulier. A gauche (à genoux) Marguerite de Créhallet (dame d'honneur de la reine), qui légua une chaîne d'or à l'église de Beaufort et fut inhumée dans la chapelle de la reine, détruite en 1870, au lieu où se trouve aujourd'hui la sacristie.

ooooo

Annexes

III – Restauration de l'orgue 1991-1994

Toute la mécanique est neuve.
Console en fenêtre, transmissions mécaniques : suspendue et directe au Grand orgue ; à balanciers au Récit et à la Pédale ; foulante avec abrégé sous le plancher au Positif.
Alimentation par soufflet à plis parallèles.
Reclassement et restauration des jeux présumés de Bonn, entailles ressoudées.

Composition

Trois claviers de 56 notes et pédalier de 30 notes

1er clavier **Positif dorsal** *12 jeux*	2ème clavier **Gd orgue** *13 jeux*	3ème clavier **Récit expressif** *8 jeux*	**Pédale** *4 jeux*
Salicional 8 +	Bourdon 16 +	Gambe 8 +	Contrebasse 16 +
Flûte 8 +	Montre 8 +		Flûte 8
Bourdon à ▶	Flûte ▶	Voix céleste 8 +	Bombarde 16 +
. cheminée 8	harmonique 8 +	Flûte Traversière 8 +	Trompette 8
Dulciane 4	Bourdon 8 +	Flûte Octaviante 4	
Flûte Douce 4	Gambe 8 +	Octavin 2 +	
Doublette 2	Salicional 8 +	Basson Hautbois 8 +	
Nazard 2 2/3	Prestant 4 +	Trompette 8 +	
Tierce 1 3/5	Quinte 2 2/3 +	Voix Humaine 8 +	
Piccolo 1	Doublette 2 +		
Plein Jeu V	Plein Jeu V-VII		
Clarinette 8 +	Cornet V +		
Trompette 8 +	Trompette 8 +		
	Clairon 4 +		

L'ÉGLISE NOTRE-DAME

Combinaisons : Tirasse GO -Tirasse RÉCIT- Tirasse POSITIF. POS./G.O. - REC./G.O.

Appels Anches : G.O. - POS. - REC. - PED. - Tremblant fort - Tremblant doux
+ = jeux partiellement de Bonn et/ou Gloton

Document présenté le 28 mars 2014 par Henri-Franck Beauperin, conservateur de l'orgue

Les anges musiciens sous la tribune de l'orgue

Notes – Bibliographie – Table - Crédits

Notes

1. l'abbaye de Marmoutiers a été fondée, à Tours, par Saint-Martin de Tours, disciple de Saint-Benoît
2. cet épisode est rapporté à Joseph Denais par Dom Paul Piolin, prieur des bénédictins de Solesmes, d'après un ancien manuscrit
3. Claude de Savoie (1507-1567) est comte de Tende et Sommerive et comte de Beaufort de 1525 à 1554
4. Jean de l'Espine est un architecte angevin (1505-1576)
5. l'indulgence est la rémission (que l'on peut acheter), des conséquences d'un péché pardonné
6. les huguenots sont des protestants français pendant les guerres de religion
7. l'Édit de Nantes est signé le 13 mai 1598 par Henri IV, pour mettre fin aux guerres de religion
8. lors du massacre de Wassy, le 1er mars 1562, une cinquantaine de protestants sont tués par les troupes du duc de Guise
9. l'iconoclasme est une pratique délibérée de destruction des icônes ou représentations religieuses
10. François d'Andelot de Coligny (1521-1569) est un des chefs protestants, frère de l'amiral du même nom
11. la Fronde des Grands est une révolte (1651-1652) des Princes, pendant la régence d'Anne d'Autriche et le ministère de Mazarin
12. Benjamin Le Valois, marquis de Vilette (1582-1661), lieutenant général dans le Bas-Poitou
13. le vœu de Louis XIII amena la consécration en 1638 de la France à la Vierge Marie, suite à la grossesse de son épouse Anne d'Autriche
14. aux lanternes de Paris, des aristocrates étaient pendus par les révolutionnaires
15. un salpêtrier est un entrepreneur qui fait du salpêtre pour servir à la fabrication de la poudre à canon
16. l'agiotage est une pratique consistant à retenir des biens à la vente, en comptant sur la hausse de leur prix
17. le tableau de François Roberdeau - voir au musée Joseph Denais
18. le conseil de fabrique est composé de deux membres de droit, le curé et le maire de la commune, et de neuf membres élus, pour administrer les biens de la paroisse

L'ÉGLISE NOTRE-DAME

19. la famille Jousbert du Landreau habitait Beaufort dans l'actuel presbytère
20. l'association diocésaine d'Angers a été autorisée le 2 septembre 1926
21. Mgr Guillaume Angebault (1790-1869) est évêque d'Angers de 1842 à 1869 ; il participe à la construction de plus de 250 églises ou chapelles
22. la croix latine orientée a son sommet dirigé vers l'est (l'orient)
23. une chimère est une créature fantastique
24. une lancette est un élément vertical de fenêtre gothique, bordé de meneaux de pierre
25. un gâble est une murette triangulaire surmontant un arc gothique
26. l'ophicléide est un instrument de musique à vent, de la famille des cuivres
27. les marguilliers sont des membres du conseil de fabrique de la paroisse
28. le Cérémonial des évêques est un livre qui normalise la liturgie des évêques
29. le concile œcuménique de Vatican II est ouvert de 1962 à 1965
30. la montre est un jeu d'orgue principal placé en façade
31. la mense constitue le patrimoine foncier ecclésiastique
32. le chanoine Urseau (1860-1940) était inspecteur divisionnaire de la Société française d'archéologie
33. les édifices et objets inscrits au titre des monuments historiques sont préservés, alors qu'ils ne justifient pas encore un classement définitif

Notes – Bibliographie – Table - Crédits

Bibliographie

[DEN1] Denais, Joseph, « Monographie de Notre-Dame de Beaufort-en-Vallée »

[DEN2] Denais, Joseph, « Les vitraux, statues et tableaux de l'église Notre-Dame de Beaufort-en-Vallée », extrait de la Revue de l'Anjou, 1889

[DEN3] Denais, Joseph, « Beaufort, ses monuments, ses souvenirs » Editions de l'Ouest, 1948 (titre posthume)

[ROS] Collectif préfacé Rosenberg, Pierre, » Églises de Paris », Ed. Massin, 2010

[NOR] Norman, Edward, « Maisons de Dieu », Thames et Hudson, 2005

[FAU] Faure, Elie, « Histoire de l'art – l'art médiéval », Denöel 1985

[MAR] Martineaud, Sophie, « Vitraux, légendes de lumière », Flammarion, 2001

[TOS] Tosi, Bruno, « Le vitrail, techniques et création », Fleurus, 1994

[COC] de la Cochetiere, Jean-Claude, « L'orgue de l'église Notre-Dame de Beaufort-en-Vallée », 1994

[FOY] Foyer, Jean, « La reconstruction d'une église paroissiale au dernier tiers du XIXe siècle (N.-D. de Contigné), Mémoires de l'Académie d'Angers, Années 1975-1976

[SAN] Sanchez, Jean-Michel, « Orgues, le chœur des anges », Ed. le bec en l'air, 2005

[DUC] Ducomte, Jean-Michel, « La loi de 1905 », Les essentiels milan, 2005

[DID1] Didron, Edouard, « Les vitraux à l'exposition universelle de 1867 », Librairie archéologique de Didron, 1868

[DID2] Didron, Edouard, « Le vitrail depuis cent ans et à l'exposition de 1889 », extrait de la revue des Arts décoratifs, 1889

L'ÉGLISE NOTRE-DAME

Table des matières

	page
Introduction	3
Les premières églises	4
La première église en pierre	4
De Jeanne de Laval aux ducs de Savoie	5
Le temps des réformes et guerres civiles	6
Claude de Caignou restaure l'église	8
La période révolutionnaire	9
Concordat et projet de restauration	11
Les projets d'agrandissement	15
Un premier projet de l'architecte Duvêtre	15
Le nouveau projet du curé Le Boucher	16
La famille Jousbert du Landreau	16
L'hôtel du Landreau devient presbytère	18
L'agrandissement-rénovation de 1870	19
Le choix d'un architecte et d'un style	19
Le projet pour la nef et la façade ouest	20
L'agrandissement du bras du transept sud	23
La construction du bas-côté nord	24
Le cahier du curé Le Boucher	26
L'architecture gothico-Renaissance	30
En parcourant l'intérieur	34
Passant le porche d'entrée	34
En remontant la nef	36
Le transept nord	38
Les chapelles du chevet	40
Le transept sud et retour sur la nef	42

Notes – Bibliographie – Table - Crédits

	page
La collection de vitraux	43
Une collection remarquable	43
Le vœu du curé de Notre-Dame	44
Le coût des vitraux	48
Encadré : La technique du vitrail	49
Les orgues de Notre-Dame	52
Le chant des anges	52
Le buffet de Moisseron et André	53
L'instrument musical	54
L'orgue de chœur de Debierre	55
Les cloches	57
L'église après 1905	59
La séparation des Églises et de l'État	59
La réalisation des inventaires	60
Classement et conservation des biens	62
Notre-Dame de Beaufort, référence régionale	64
Annexes	66
I – Tableau généalogique de la famille de Jousbert du Landreau	67
II – Les vitraux de Notre-Dame	68
III – Restauration de l'orgue 1991-1994	87
Notes	89
Bibliographie	91
Informations pratiques	94
Crédits	95

L'ÉGLISE NOTRE-DAME

Informations pratiques

Adresse : Place Jeanne de Laval – 49250 Beaufort-en-Vallée
Paroisse : Saint Pierre en Vallée
29, rue de l'Hôtel de Ville 49250 Beaufort en Vallée
Tél : 02 41 80 30 39
Courriel : paroisse@saintpierreenvallee.fr
Site :www.saintpierreenvallee.fr

Ouverture église : tous les jours de 9 h à 18 h

Notes – Bibliographie – Table - Crédits

Crédits

Merci à tout ceux qui ont collaboré à cet ouvrage, en particulier :

Par leur aide précieuse dans les recherches réalisées.
Jean-Pierre Véron, curé de la paroisse de Saint-Pierre-en-Vallée
Jean Réveillère et Geoffrey Label, des archives diocésaines d'Angers
Etienne Vacquet, conservateur des antiquités et objets d'art à Angers
Jean-Charles de la Cochetière, association des amis des orgues de N. D.
Henri-Frank Beauperin, conservateur des orgues de N.D.
Sandra Varron des archives départementales
Florian Stalder et Bruno Rousseau du service de l'inventaire départemental
Michel Tougourdeau et Clément Beaussier †

Et par les illustrations dont ils sont auteurs ou conservateurs:
Bruno Rousseau Service de l'Inventaire du Conseil général de Maine-et-Loire : pour les photos des pages 29, 39, 47, 79
Claude Bernard page 51(vitrail bleu en miniature)
Le fond de plan utilisé aux pages 22 et 68 est extrait de « Monographie de l'église de Notre-Dame » de Joseph Denais. 1874
L'image de la page 14 est tirée d'une lithographie du Baron de Wismes publiée dans « Le Maine et l'Anjou, historiques, archéologiques et pittoresques ».

Les autres illustrations appartiennent à l'auteur de l'ouvrage.